Jörg Kaschlaw
Von 0 auf 18 – in 18 Jahren und 9 Monaten

Jörg Kaschlaw

Von 0 auf 18 – in 18 Jahren und 9 Monaten

Rediroma-Verlag

Bibliografische Information der Deutschen Nationalbibliothek:
Die Deutsche Nationalbibliothek verzeichnet diese Publikation in der Deutschen Nationalbibliografie; detaillierte bibliografische Daten sind im Internet über http://portal.dnb.de abrufbar.

ISBN 978-3-98527-050-7

Umschlagillustration: blessings (shutterstock.com)

www.rediroma-verlag.de
7,95 Euro (D)

Von 0 auf 18 –
in 18 Jahren und 9 Monaten

Vorwort

Ich hoffe, Sie haben das Buch nicht gekauft, weil Sie einen Ratgeber für Kindererziehung suchen. Entweder hat die freundliche Dame in der Buchhandlung Sie falsch beraten, oder Ihre Freunde haben da etwas missverstanden. Vielleicht haben Sie den Beleg noch aufgehoben, um es zurückzugeben. Sie könnten es auch einem Freund oder einer Freundin schenken, die bald Geburtstag haben. Sie wissen sowieso nie, was man ihnen schenken soll.

Bücher über Kindererziehung gibt es genug, wobei ich mich immer nach dem Sinn solcher Publikationen frage. Eltern, Kinder und das soziale Umfeld sind bei allen unterschiedlich, daher gibt es kein Handbuch oder einen Leitfaden über die richtige Erziehung. Wenn Sie sich einen Hund anschaffen würden, wäre das natürlich anders, aber Sie haben sich für die schwierige Variante entschieden - oder ist es zufällig geschehen?

Das erste Kapitel hat ein Ghostwriter geschrieben, darüber kann ich selbst nicht berichten; ich war da noch nicht beteiligt. Der Anfang meiner Erlebnisse beginnt erst danach. Ich freue mich, dass Sie mich jetzt die nächsten achtzehn Jahre und neun Monate begleiten wollen.

Kennenlernen

Irgendwann trifft fast jede Frau oder jeder Mann bewusst oder unbewusst die Entscheidung, nicht mehr alleine leben zu wollen, und die Suche geht los. Natürlich hat man eine Vorstellung, wie der zukünftige Partner sein soll, jedoch muss man feststellen, dass auch viele andere die gleiche Absicht haben und der Markt dünn besiedelt ist. Die Männer und Frauen, die eventuell für eine Partnerschaft in Frage kommen, sind entweder vergeben, verheiratet, mögen eher das gleiche Geschlecht oder wollen den anderen einfach nicht als Partner.

In der heutigen Zeit gibt es aber dafür professionelle Hilfe, ohne sich großartig anzustrengen. Man muss nicht mehr stundenlang in öffentlichen Verkehrsmitteln fahren, ständig in Discos und Kneipen gehen (was allerdings nicht so schlimm wäre, wenn man es dennoch täte), oder irgendwelche langweiligen Veranstaltungen besuchen, um einen Partner kennenzulernen. Heute kann man einfach zu Hause bleiben, es sich gemütlich machen bei einem Glas Bier oder Wein und geht ins Internet. Das hat den großen Vorteil, dass man nicht mehr jede Menge Geld für Fahrkarten und Eintritt ausgeben muss. Wie haben das die Menschen mit geringem Einkommen eigentlich früher gemacht? Einige haben bestimmt einen Kleinkredit über die Bank aufgenommen, andere haben vielleicht das Konfirmationsgeld dafür gespart.

So eine Allnet-Flatrate-Suche ist dagegen deutlich billiger und einfacher. Niemand muss sich Anmachsprüche ausdenken in der Hoffnung, dass das Gegenüber dumm genug ist, darauf einzugehen. Aber dann will man denjenigen auch nicht mehr, schließlich sucht man einen Partner mit Niveau. Face-to-Face-Körbe der Angesprochenen gibt es ebenfalls nicht, das geht heute einfach und problemlos mit der Escape-Taste. Das erspart einem persönliche Enttäuschungen, und das Selbstwertgefühl leidet nicht. Man hat also mit dieser Methode nicht nur Geld, sondern auch Zeit gespart und den Besuch beim Psychotherapeuten, der einen wieder aufrichten muss.

Irgendwann meldet sich dann die Agentur mit einem Treffer, vielleicht ist man ja auch selbst auf einer Flirtseite fündig geworden. Übrigens wäre es schön, wenn auf solchen Seiten gleich vorbereitete Flirtsprüche angegeben würden, die man nur anklicken muss. Über diese Marktlücke sollte ich nachdenken. Man hat also jemanden gefunden, der nicht nur mit einem telefonieren will, sondern sich real treffen möchte. Nun beginnt der unangenehme Teil, man muss das Sofa verlassen und ohne elektronische Hilfe Konversation betreiben.

Nach einigen Dates stellt man fest, dass es passen könnte, natürlich muss man bei den selbst auferlegten Auswahlkriterien Abstriche machen, aber vielleicht kann man seinem Gegenüber im Laufe der Zeit doch noch einiges beibringen.

Zeugung

Selbstverständlich sind die folgenden Ausführungen für den weiteren Verlauf der Geschichte absolut notwendig. Dieses Kapitel muss geschrieben werden, damit das Buch über die Entwicklungsstationen hier nicht endet. Sollten Sie über das Thema Zeugung jedoch mehr erfahren wollen, verweise ich Sie auf die entsprechende Literatur.

Hat ein Mann oder eine Frau schließlich nach mehreren vergeblichen Versuchen den vermeintlich Richtigen gefunden, ist der Wunsch nach näherem Kontakt sehr groß. Dies wird im allgemeinen „Liebe" genannt. Weil aber jeder Mensch diese Gefühle anders interpretiert, werde ich sie ein wenig näher erläutern müssen.

Die Liebe ist für viele ein zeitlich begrenzter Zustand, der unterschiedlich lange anhält und meistens biologische Auswirkungen hat: Das Gehirn setzt aus - es spielt keine Rolle mehr, das Herz pumpt wie bei einem 3000-Meter-Lauf, im Magen kribbelt es und man macht Dinge, die nicht altersentsprechend sind. Oft ist der Freundeskreis durch die widerlich gute Laune genervt. Das verliebte Paar nimmt die Reaktionen der anderen aber kaum wahr, sondern fokussiert sich nur auf sich selbst. Nach einer gewissen Zeit entsteht bei beiden Partnern, oder manchmal auch nur bei einem, der Wunsch nach einem Kind.

Grundvoraussetzung zur Realisierung dieses Wunsches ist der zeitlich richtige Moment für die Zeugung. Fällt der Schwangerschaftstest dann positiv aus, freuen sich nicht nur die werdenden Eltern. Auch die Freunde, die vorher von der übertrieben guten Laune genervt waren, sind jetzt begeistert. Keines der beiden Elternteile ahnt jedoch zum jetzigen Zeitpunkt, was auf sie im Laufe der nächsten 18 Jahre und 9 Monate zukommt. Aus diesem Grund ist es wichtig, sich damit näher zu beschäftigen und das Buch bis zum Ende zu lesen.

So, damit ist meine Aufgabe als Ghostwriter beendet. Was nun weiter passiert, wird Ihnen Tim, die Hauptperson dieses Buches, selbst erzählen. Ich glaube, dass mir alle Recht geben werden, wenn ich behaupte, wie schwierig und kompliziert es ist, Eltern zu werden. Was aber nach der Geburt auf die Eltern zukommt, ist eine wesentlich größere Herausforderung.

Es wird nun Zeit mich zu verabschieden, und ich übergebe die weiteren 18 Jahre und 9 Monate an die Hauptperson.

Viel Spaß!

Schwangerschaft

Was ist denn jetzt los, was passiert hier gerade? Ich hatte es in meinem Beutel doch sehr gemütlich und nun schwimme ich plötzlich - keine Ahnung, wohin. Ich wusste gar nicht, dass ich das kann. Warum sind hier so viele unterwegs, die genauso aussehen wie ich? Ist es ein Wettrennen ohne vorheriges Training? Warum hat mich niemand in Form einer Fortbildung darauf vorbereitet? Fragen über Fragen, die durch meinen Kopf gehen. Ich stelle fest, dass ich in dem Rennen ganz gut bin und in Führung liege. Andere scheinen aufzugeben oder sterben.

Irgendwie bin ich in einer runden Zelle gelandet. Dies scheint eine Sackgasse zu sein, denn ab hier geht es nicht mehr weiter. Also beschließe ich, erstmal hierzubleiben und zu sehen, was passiert. Mein Ein-Zimmer-Appartement ist zwar ein wenig klein und karg, aber einen Notausgang gibt es hier nicht, und ich bin auch viel zu erschöpft für weitere Unternehmungen. Natürlich hatte ich auf eine Siegerehrung gehofft oder Anerkennung und Applaus für meinen Sieg, es passiert aber nichts. Niemand scheint sich für mich zu interessieren.

Nach ein paar Wochen hat sich mein Aussehen verändert. Ich werde mich erstmal ruhig verhalten, denn ich weiß ja nicht, wie meine Vermieterin darauf reagiert, dass sie plötzlich einen Untermieter hat, den sie auch noch mitfüttern muss - also quasi ein All-Inclusive-Paket. Bisher gelingt mir das ganz gut. Ich habe jedoch keine Ahnung, wie sie reagiert, wenn sie mich bemerkt.

Nun ist es passiert! Ich glaube, ich bin entdeckt worden, obwohl ich mich ganz klein gemacht habe. Leider ist die technische Entwicklung so weit fortgeschritten, dass man von außen beleuchten kann, was innen los ist. Jetzt bin ich aber gespannt, wie meine Vermieterin sich verhält, ob ich bleiben kann oder ausziehen muss. Kurze Zeit später vernehme ich aus meinem Appartement heraus Gläser klingen, Freudenschreie und laute Hektik. Ich glaube, sie stoßen auf mich an. Es wurde aber auch Zeit, dass endlich die von mir vermisste Siegerehrung kommt, wenn auch vier Monate verspätet. Von wegen „Man muss nicht immer gewinnen!" und „Dabei sein ist alles!". Ich habe gelernt, wie wichtig es ist, Erster zu sein.

Also kann ich jetzt ohne Angst hier wohnen und muss mich nicht mehr einrollen. Ich kann mich endlich entfalten. Dabei merke ich, dass meine Ein-Raum-Wohnung flexibel ist: Die Wände bestehen nicht aus starrem Material, sie sind dehnbar. Das trifft sich gut, denn ich werde immer größer und brauche mehr Platz, aber ein Wohnungswechsel ist nicht möglich. Es scheint keine größere Wohnung frei zu sein. Die Zeit vergeht, und ich werde immer mal wieder durchleuchtet. Aber warum nur? Hat man die Befürchtung, ich bin heimlich ausgezogen oder habe irgendwelche Beschwerden, die ich dann durch Winken oder Ähnliches signalisieren soll?

Es gibt nichts zu beanstanden, die Versorgung ist gut - ebenso der Schutz. Das Appartement passt sich meiner Größe an, auch wenn es immer enger wird. Wenn das der Fall ist, trete ich ein wenig mit den Beinen oder Armen gegen die Wand oder drehe mich um, was meiner Vermieterin und den anderen hörbar Freude bereitet. Komisch!

Jetzt wird es aber unangenehm. Ich liege auf einmal kopfüber und stelle fest, dass es hier doch keine Sackgasse ist. Wer hat denn heimlich eine Tür aufgemacht? Warum fühle ich solch einen starken Druck? Will sie mich nicht mehr? Soll ich ausziehen? Das fällt ihr aber spät ein! Kann ich da ein Veto einlegen?

Geburt

Der Druck wird immer größer, habe ich denn etwas falsch gemacht und nun die Kündigung bekommen? Jedenfalls werde ich gezwungen, mich durch die Tür zu schieben. Was für ein Lärm! Meine Vermieterin schreit und atmet heftig, aber zum Glück ist sie nicht alleine, sie bekommt Hilfe. Merkt denn jemand, dass ich auch noch da bin? Immer weiter presse ich mich durch diese enge Tür. Je weiter ich komme, desto lauter werden die Schreie. Plötzlich bin ich draußen! Ich kann nur hoffen, dass mich jemand festhält. Meiner Vermieterin scheint es wirklich schlecht zu gehen. Sogar der Mann, der die ganze Zeit mitgelitten hat, ist auf einmal ohnmächtig geworden. Zum Glück gibt es da noch Leute in weißen Kitteln, die mich auffangen. Nun bin ich obdachlos, mir ist kalt, das Licht ist viel zu hell, außerdem wird meine Versorgungslinie getrennt. Also schreie ich erstmal meine Wut und Enttäuschung heraus. Das scheint gut anzukommen, denn alle freuen sich darüber. Kaum bin ich hier und schon habe ich etwas gelernt: Wenn ich schreie, mache ich den Leuten eine große Freude. Das muss ich mir merken!

Hm, ich möchte gerne zurück, wäre jemand so nett und schiebt mich wieder hinein? Ich habe mich doch bisher immer anständig verhalten, es gab keinen Grund, mich da rauszuholen. Wenigstens ist der Mann vom Fußboden wieder aufgestanden, aber die Frau liegt noch im Bett. Ich werde neben sie gelegt. Sie ist schön warm, sieht aber ziemlich geschafft aus. Was soll ich erst dazu sagen?! Sie drückt mich an einen Knubbel, und automatisch sauge ich daran. Ah, da kommt etwas heraus. Das schmeckt gar nicht so schlecht, aber das Saugen ist ziemlich anstrengend. Meine alte Versorgungslinie war deutlich angenehmer und bequemer, bisher kann ich noch keine Vorteile erkennen.

Später liege ich in einem großen Raum. Im Vergleich zu meiner vorherigen Behausung ist das hier riesig, allerdings bin ich nicht alleine. Ich möchte gerne ein wenig schlafen, die Ereignisse haben mich doch sehr angestrengt und müde gemacht, aber an Schlaf ist nicht zu denken, im Gegenteil. Hier riecht es komisch. Es herrscht ein ständiges Geschrei, obwohl keiner da ist, der sich darüber freut. Also, was soll dann der Krach?

Übrigens, warum sind hier so viele, die fast genauso aussehen wie ich? Abgesehen davon hat man uns in zwei Farben aufgeteilt. Ich will kein Außenseiter sein, deshalb schreie ich auch. Es fängt an, mir zu gefallen. Das sollte für mich nicht das letzte Mal sein. Wirklich zur Ruhe kommt man hier nicht, denn wenn ich die Augen zugemacht habe, kommt wieder jemand und bringt mich zu meiner Vermieterin, die jetzt immer von „Mama" redet. So nett kann diese Mama gar nicht sein. Jedes Mal, wenn ich getrunken habe, schlägt sie auf meinen Rücken, dann kommt Luft aus mir heraus, und das nennt sie Bäuerchen. Warum schlägt sie mich eigentlich? Sie wollte doch, dass ich sauge. Will sie die Milch nun behalten oder nicht? Ich habe schon wieder etwas gelernt: Wenn aus mir hörbar Luft herauskommt, bereite ich den anderen Freude, genauso wie mit meinem Schreien. Fazit: Ich muss laut sein, um andere zu erfreuen. Kein Problem! Das ist doch nicht schwer. Ich schaffe das.

Säuglingsalter

Meiner Mama hat es dort anscheinend auch nicht gefallen, denn sie hat mich eingepackt und mitgenommen. Der Mann, der sich „Papa“ nennt, war auch dabei. Vielleicht hat er Schmiere gestanden, damit niemand mein Verschwinden bemerkt. Ich bin jedenfalls froh über diese Entscheidung, auch wenn ich nicht weiß, wohin es jetzt geht. Aber schlimmer kann es ja nicht werden. Ich habe Glück, offenbar hat außer meinen Eltern keiner gemerkt, dass ich umgezogen bin, weg von den anderen schreienden Babys. Nun bin ich alleine in einem bunten Raum und habe ein eigenes Bett. Über mir sind viele sich bewegende Gegenstände, aber vor allem ist hier Ruhe. Nach einer Weile möchte ich Mama und Papa erfreuen und fange an, laut zu schreien. Mama kommt sofort zu mir. Super, wie ich sie im Griff habe! Es beginnt, mir Spaß zu machen. Wenn nur dieses blöde Nuckeln nicht wäre, das strengt mich sehr an. Gibt es denn keine andere Methode? Anschließend muss ich noch ein Bäuerchen machen, ich will meine Mama ja bei Laune halten, sonst bekomme ich bestimmt nichts mehr zu essen.

Ganz oft erscheinen irgendwelche fremden Gesichter direkt über mir. Sie haben eine piepsige Stimme und können noch nicht so sprechen wie

Mama und Papa, obwohl sie schon ziemlich alt aussehen. Es kommen nur Laute aus ihnen wie „dududu“ oder „dadada“, immerhin sind sie aber sprachlich schon weiter als ich.

Nur wenn ich stinke, entfernen sie sich. Das ist eine gute Strategie, sie loszuwerden. Das muss ich mir merken. Mama kümmert sich dann alleine um mich. Papa lässt sich dabei nie blicken, vielleicht ist er wieder umgefallen. Eigentlich ist es ziemlich langweilig. Ich hoffe, das ändert sich noch. Es ist jetzt sehr dunkel hier, aber das kenne ich ja von meinem Appartement. Ich finde, es wird mal wieder Zeit zu schreien. Nun passiert aber etwas sehr Seltsames, denn Mama sieht jetzt ganz anders aus im Gesicht. Ich erkenne sie kaum, sie hat auch sehr wenig an. Freude kann ich bei ihr nicht erkennen, und sie redet kaum mit mir. Egal, ich ziehe mein Programm durch: schreien, nuckeln, stinken, Bäuerchen machen - mehr kann ich ja nicht. Gibt es eigentlich Papa noch?

Hey, was ist denn jetzt los? Ich bekomme eine Jacke und eine Mütze angezogen, obwohl ich überhaupt nicht friere. Ich werde auch nicht zurück ins Bett gelegt, sondern in einen Wagen. Über mir hängen auch hier wieder Gegenstände, die sich bewegen, Geräusche machen und mich einfach nur nerven. Die Umgebung ist allerdings viel interessanter. Ich kann überhaupt keine Wände entdecken, ununterbrochen gibt es etwas anderes zu sehen. Geschaukelt zu werden ist sehr schön und macht mich müde. An Schlaf ist aber trotzdem nicht zu denken, denn auch hier sind wieder Gesichter, die ganz nah an mich herankommen, meinen Bauch kitzeln und mit hoher Stimme Unverständliches von sich geben. Werde ich die denn nie los? Verfolgen sie mich? Kann Mama mich denn nicht vor ihnen beschützen?

Ich fürchte, das will sie nicht. Denn irgendwie kann ich erkennen, dass sie sich darüber freut und nett zu den anderen Menschen ist. Ich freue mich nur darüber, dass Papa auch noch da ist und mein rollendes Bett schiebt. Dass das meine Mama nicht mehr kann, ist mir schon klar. Ich habe ja viel genuckelt und bin viel größer und dicker geworden.

Inzwischen weiß ich auch, was ich mit meinen Armen und Händen anfangen kann: Ich greife nach Dingen, die mir meine Mama gibt. Ist das Nuckeln vorbei? Bekomme ich mein Essen jetzt in die Hand? Ok, dann hinein in den Mund! Aber es ist furchtbar hart und ungenießbar. Wie lange ich auch daran lutsche, es wird nicht weicher. Kauen kann ich doch noch nicht. Mama nimmt es mir nach kurzer Zeit wieder weg, wahrscheinlich hat sie sich geirrt und mir das falsche Essen gegeben. Dennoch hat sich mein Speiseplan verändert, endlich gibt es Abwechslung. Vielleicht sind meine Eltern zu mehr Geld gekommen und können sich nun schmackhaftere Nahrung für mich leisten. Das Nuckeln aus der Flasche ist deutlich einfacher. Manchmal bekomme ich etwas in den Mund geschoben - nach dem Motto: „Sieh zu, wie du damit fertig wirst." Zum Glück hat Mama aus ihren Fehlern gelernt und gibt mir nun weiche Nahrung, die ich einfach nur schlucken muss und die unterschiedliche Geschmacksrichtungen hat. Unabhängig davon versucht sie aber immer wieder, mir harte und unappetitliche Gegenstände zu geben - das hatten wir doch schon.

Ich glaube, ich kann mich bald alleine um alles kümmern, denn ich werde immer beweglicher. Ich hebe meinen Kopf, kann meine Hände und Finger bewegen und sitze in einem Stuhl. Nur an den Beinen muss ich noch arbeiten, sie können bestimmt viel mehr als nur zappeln. Ich übe weiter, ich habe ja viel Zeit und keine anderen Verpflichtungen.

Krabbelalter

Ich bin hochbegabt: Ich weiß nun genau, wie man die Beine einsetzt - also fast jedenfalls. Meine Bewegungen sehen zwar irgendwie anders aus als bei Mama und Papa (wie schaffen die das nur?), aber ich bin mobil und muss nicht mehr an Orte hin und her getragen werden, wo ich gar nicht hin will. Ich kann das selber entscheiden. Anfangs macht es meinen Eltern sogar auch Spaß. Brauche ich sie überhaupt noch? Das Krabbeln ist eine tolle Möglichkeit, meine Mama immer in meiner Nähe zu haben. Aber ich fühle mich auch verfolgt. Kann ich nicht einmal alleine und in Ruhe meine Umgebung erforschen? Hier ist es zwar nicht so groß wie draußen, aber ich wusste gar nicht, dass Mama und Papa noch mehr Zimmer haben als nur meines. Es gibt wundervolle und interessante Dinge zu entdecken, leider besteht mein Auslauf aus vielen Hindernissen, die ich umkrabbeln muss. Sie sind viel zu groß und zu hart. Kleinere Gegenstände finde ich aber auch, die von mir aus dem Regal geräumt und in den Mund gesteckt werden. Wenn ich großes Glück habe, entdecke ich ab und zu einen leckeren Krümel auf dem Fußboden, der aber kein Sättigungsgefühl hervorruft. Es wird Zeit, dass Mama sich wieder darum kümmert, denn sie ist ja für meine Vollpension zuständig. Wie gut, dass in meiner Reichweite viele Sachen stehen, die ich mir nehmen kann. Weiter oben sind auch noch interessante Gegenstände, aber leider komme ich da nicht so richtig dran. Ich glaube, das muss ich unbedingt bald üben.

Hey, super, das ist das erste richtige Ziel, das ich mir gesetzt habe. Mein Spieltrieb mit den Gegenständen im Regal oder mit den langen Kabeln scheint meine Mama überhaupt nicht zu erfreuen. Plötzlich wird sie laut, nimmt mich auf den Arm und setzt mich zur Strafe in eine Art Käfig. Auch hier liegen verschiedene Dinge herum. Darf ich nun damit spielen, oder komme ich dann in einen noch kleineren Käfig? In bin zwar in den ersten neun Monaten Enge gewohnt gewesen, aber ich muss zugeben, dass ich mich an die neuen Verhältnisse gut angepasst habe und sie nicht mehr missen möchte. Die Käfigstangen sind eine prima Möglichkeit, an meinem Ziel zu arbeiten. Ich komme bestimmt bald an Gegenstände, die sich weiter oben befinden. Schließlich kann ich mit meinen Händen schon greifen und setze sie konsequent für meinen neuen Plan ein.

Mein Aufenthalt innerhalb der Gitterstäbe dauert nicht sehr lange. Ich scheine eine Bewährungsstrafe bekommen zu haben, denn nun nimmt Mama mich auf den Schoß. Hier erwartet mich eine neue

Herausforderung: Nachhilfe in Deutsch. Ich bekomme Anweisungen von ihr, bestimmte Wörter nachzusprechen wie „Mama“ oder „Papa“, „Oma“ oder „Opa“ (das scheinen die komischen Gesichter zu sein, die ab und zu dicht vor mir auftauchen und eine piepsige Stimme haben). Ich versuche, ein braver Schüler zu sein, und stammele irgendetwas, das Mama als richtig interpretiert und worüber sie sich total freut. Ich sollte weiter daran arbeiten, denn mein Schreien ist nicht mehr so angesagt wie früher. Ich beschließe also, diese neue Kommunikationsform auszubauen. Gleich zwei neue Ziele an einem Tag. Eigentlich ist es ziemlich anstrengend, auf der Welt zu sein. Aber für einen Hochbegabten wie mich ist das kein Problem. Ich werde sogar für meine Mühe belohnt und bekomme endlich etwas zu essen. Danach werde ich ins Bett gelegt. Bäuerchen scheinen nicht mehr „in“ zu sein. Ich bin so müde, dass ich sofort einschlafe.

Kleinkindalter

Ich werde immer besser, denn ich weiß jetzt auch mit meinen Beinen etwas anzufangen. Ich stehe zwar noch sehr unsicher, aber ich komme inzwischen an die oberen Sachen im Regal heran, immer noch nicht zur Freude meiner Mutter. Auf der anderen Seite muss ich feststellen, dass ich mit dem Krabbeln schneller war. Die Beine zu benutzen, scheint jedoch das bessere Fortbewegungsmittel zu sein. Ich werde auf alle Fälle weiter daran üben, denn ich habe schon vieles im Laufe der Zeit gelernt. Ich kann auch alleine essen, der Tisch sieht allerdings dann anders um mich herum aus als bei den Erwachsenen. Dennoch macht ihnen das große Freude. Sie loben mich, das muss wohl so sein, aber das richtige Loben müssen sie noch üben. Es klingt nicht so begeistert wie früher. Schreien muss ich auch nicht mehr oft, denn ich kann mich immer mehr in ihrer Sprache unterhalten. Obwohl ich viele Wörter anders ausspreche als sie, verstehen sie mich sehr gut.

Die Sprache der Erwachsenen verändert sich aber ständig. Wie soll ich jemals ein sprachlich versierter Mensch werden? Mama setzt mich zum Beispiel gerne auf ihren Schoß und klappt ein buntes Buch auf mit vielen Tierbildern. Das hat sie mir schon oft gezeigt. Jetzt will sie wissen, ob ich die Tiere auswendig gelernt habe. Das hätte sie mir doch vorher sagen sollen, dass das meine Aufgabe ist. Also bringe ich sie dazu, mir die Tiernamen vorzusagen, und ich wiederhole sie. Dann passiert das gleiche Spiel auf der nächsten Seite des Buches und auf der übernächsten. Hat sie denn noch nie etwas von Reizüberflutung gehört? Es kommt noch schlimmer: Mama holt ein neues Buch mit anderen Bildern, und das Ganze geht von vorne los. Ich beschließe, dem ein Ende zu setzen, indem ich ganz fest drücke, bis meine Windel voll ist und stinkt. Cooles Ablenkungsmanöver von mir! Hoffentlich funktioniert das noch sehr lange. Ich habe es befürchtet, meine Strategie ist hinfällig geworden. Mama hat sich etwas ganz Gemeines ausgedacht, sie zieht mir plötzlich die Windel aus und setzt mich auf ein hartes und kaltes Töpfchen. Was soll ich hier denn nur? Sitzen kann ich schon länger, ich muss doch Laufen üben. Also stehe ich auf und laufe weg. Das war offenbar keine gute Idee.

Mama redet immer von Pipi und Kacka. Wo ist eigentlich meine Windel? Das war doch deutlich einfacher als diese Prozedur auf dem Töpfchen. Erwachsene können so gemein sein, wenn Kinder älter werden. Kann Papa mir nicht irgendwie helfen? Wo ist er eigentlich? Nun sitze ich hier, der Popo tut mir weh und er hat bestimmt einen roten

Abdruck von diesem blöden Topf. Danach komme ich wieder auf Mamas Schoß. Sie will weiter meine Merkfähigkeit mit Hilfe des Tierbuches überprüfen. Da muss ich jetzt durch! Mein Ablenkungsmanöver funktioniert ja nicht mehr. Ich bin also folgsam, mache ihr die Freude und sage brav, welche Tiere ich sehe. Nun passiert aber etwas Merkwürdiges. Obwohl es immer die gleichen Bilder sind, haben sich wahrscheinlich die Namen der Tiere verändert. Aus dem Wauwau wird ein Hund, aus der Miau wird eine Katze. Was stimmt denn nun? Hat sich Mama vorher geirrt und es dann bei Google nachgesehen?

Super, jetzt kann ich wieder von vorne anfangen, mir die Tiere mit ihren neuen Namen zu merken. Außerdem sind diese Worte ziemlich schwer für mich. Ich plappere ihr einfach nach, und es hört sich tatsächlich ähnlich an. Das scheint für Mama in Ordnung zu sein, sie freut sich sehr. Ich muss auch nicht als Strafe wieder auf den harten Topf. Wenigstens nachts bekomme ich noch eine Windel an. Könnte es denn nicht immer Nacht sein?

3. bis 6. Lebensjahr

Ich entwickle mich zu meiner Zufriedenheit. Meine Mama habe ich im Griff. Meinen Papa habe ich auch wieder einmal gesehen und mit ihm gespielt. Ich bekomme jetzt sogar ab und zu Urlaub von meinen Eltern. Das ist wohl so üblich, wenn man älter wird. Dann packen sie meine Sachen in eine Tasche und die alten Leute, die sich Oma und Opa nennen, holen mich ab und fahren mit mir zu sich nach Hause. Es ist wirklich herrlich hier, es gibt keine Gitterstäbe und ich schlafe in einem großen Bett. Naja, es wäre noch größer, wenn Oma und Opa nicht auch noch hier liegen würden. Aber es ist deutlich wärmer als bei mir zu Hause, allerdings auch lauter. Hat Opa nachts Schmerzen? Früher musste ich bei den Tierbildern im Buch auch solche Geräusche machen, wenn ich ein Schweinchen gezeigt bekam. So kann doch keiner schlafen! Wie ich sehe, Oma auch nicht. Ansonsten ist es aber super hier. Ich bekomme morgens eine warme Honigmilch ans Bett gebracht und darf das große Bett dann alleine benutzen und darin herumtoben.

Warum sind Oma und Opa nur so mürrisch aufgestanden? Es ist doch toll, früh wach zu sein. Ich muss sagen, hier ist der Service deutlich besser als zu Hause. Zum Frühstück esse ich immer Brötchen mit Schokoaufstrich, die würde ich bei Mama nie bekommen. Oma und Opa sind den ganzen Tag in meiner Nähe; sie erfüllen mir jeden Wunsch und unternehmen viel mit mir. Vor dem Schlafengehen schauen wir gemeinsam das Sandmännchen im Fernsehen. Kann ich nicht hierbleiben? Vielleicht vermissen mich Mama und Papa gar nicht. Jemand sollte sie einmal aufklären, wie man mit mir umzugehen hat.

Oh, meine Eltern haben mich nicht vergessen! Sie sind gekommen, um mich abzuholen. Anscheinend bin ich sehr beliebt, alle wollen mich haben. Oma und Opa sind offenbar doch nicht so unglücklich über unsere Trennung, wie ich erst dachte, denn sie übergeben mich widerstandslos an meine Eltern. Irgendwie sehen meine Großeltern auch jetzt anders aus. An dem Tag, an dem sie mich abgeholt haben, waren sie durchaus fröhlicher und frischer. Das ist wohl ihre Art, den Trennungsschmerz zu zeigen. Hoffentlich mache ich bald wieder Urlaub bei ihnen, ich hätte nichts dagegen.

Zu meinem dritten Geburtstag habe ich einen Roller von meinen Eltern bekommen. Warum dauert es eigentlich immer so lange, bis man Geburtstag hat? Der Roller ist eine feine Sache, ich kann meinen Aktionsradius enorm erweitern. Es macht riesigen Spaß, wie Papa mit hochrotem

Kopf hinter mir herläuft und STOPP ruft. Ans Anhalten denke ich aber nicht, dafür ist der Roller nicht gemacht. Papa kann sich selber einen kaufen, dann muss er nicht so schnell rennen. Ich vermute, dass dieses Gefährt ein Hinweis meiner Eltern ist, mich langsam selbstständig zu machen. Ich kann laufen, alleine essen, sprechen und bin jetzt auch mobil. Was sollte da noch Neues dazukommen?

Ich glaube, mein Auszug steht bevor, denn Mama schmiert mir Brote, füllt eine Flasche mit Saft ab und packt alles in eine kleine Tasche, die sie mir umhängt. Zu meinem Erstaunen bekomme ich aber nicht den Roller, sondern werde ins Auto gesetzt. Will sie mich aussetzen? Zu Oma und Opa kann die Fahrt nicht gehen, denn ich weiß genau, dass sie genug zu essen und zu trinken haben. Meine Reisetasche war sonst immer viel größer. Die Fahrt dauert nur kurz. Mama steigt mit mir aus. Sie nimmt mich an die Hand und wir gehen auf ein Haus mit vielen Kindern zu.

„So, mein Schatz, ab heute gehst du in den Kindergarten und wirst viel Spaß haben“, sagt sie. Ich frage mich, was das soll. Erstens sehe ich keinen Garten und zweitens bin ich überhaupt nicht nach meiner Zustimmung gefragt worden. Daher beschließe ich, mal wieder mein früheres Erfolgsrezept anzuwenden: Ich fange an zu schreien.

Zwecklos! Eine fremde Frau kommt auf mich zu, streichelt mein Haar und sagt: „Du bist also Tim. Musst doch nicht weinen, hier ist es sehr schön! Du kannst mit vielen anderen Kindern spielen.“ Woher weiß sie meinen Namen? Gibt es für Kinder in meinem Alter keinen Datenschutz? Wo ist bloß mein Roller? Ich merke in frühen Jahren schon, dass man gegen Erwachsene keine Chance hat. Mama zieht mir meine Jacke und meine Schuhe aus und schiebt mich in einen großen Raum mit fremden Kindern. Dann winkt sie mir kurz zu und verschwindet. Ist das jetzt mein neues Zuhause? Schließlich habe ich ja auch meine Hausschuhe an. Keiner hat mir vorher gesagt, was ich hier soll.

Es ist total laut! Alle Kinder sehen völlig verschieden aus, deswegen brauchen sie wahrscheinlich nicht mehr die farbliche Kennzeichnung, die ich als Neugeborener wahrgenommen habe. Wenn ich hier länger bleiben muss, bekomme ich bestimmt Ohrenschmerzen oder Tinnitus. Ich muss aber zugeben, es gibt hier sehr viele schöne Spielsachen, viel mehr als ich bei Mama und Papa habe. Leider kann ich nicht so lange damit spielen, denn immer kommt jemand und nimmt mir das Spielzeug weg. Viele Kinder verstehe ich gar nicht. Was ich bisher an Sprache gelernt habe, hört sich anders an. Die Hautfarbe einiger Kinder ist außerdem viel dunkler als meine. Nach einer gefühlten Ewigkeit steht Mama an der Tür. Sie zieht mich an und wir fahren wieder nach Hause. Es war eine interessante Abwechslung. Ich bin schon ein wenig gerührt darüber, welche Highlights Mama sich immer wieder für mich aussucht, aber dieses hier war wirklich unnötig. Auf ihre Frage hin, wie es im Kindergarten war, antworte ich: „Blöd!“ Damit ist alles gesagt. Ich gehe davon aus, dass sie meine konstruktive Kritik verstanden hat und sich zu Herzen nimmt. Schließlich hat man das Recht auf eine freie Meinungsäußerung. Es gibt auch so etwas wie Kinderschutz.

Da habe ich mich offenbar geirrt, denn am nächsten Morgen hat meine Mama wieder meine Tasche für den Kindergarten gepackt. Obwohl ich doch schon gut sprechen kann, ist meine eindeutige Kritik bei ihr irgendwie nicht angekommen. Ich habe die Vermutung, das wird nicht die letzte Kommunikationsstörung zwischen uns sein. Also füge ich mich - es bleibt mir ja nichts anderes übrig - und gehe nun regelmäßig in diese Gruppe. Langsam wird es da besser. Gestern habe ich bei einem Mädchen „Onkel Doktor“ gespielt. Sie war aber nicht so weit entwickelt wie ich, denn es fehlten bei ihr noch entscheidende Körperteile. Wie macht sie denn eigentlich Pipi? Die Tante in der Gruppe konnte mir das auch nicht sagen, sie hat nur mit mir geschimpft. Keine Ahnung, warum. Vielleicht soll keiner wissen, dass das Mädchen noch nicht ganz so weit entwickelt ist. Ich werde wohl Mama nicht fragen und es besser für mich behalten.

Heute habe ich Geburtstag, der letzte ist ja schon ewig her. Haben Mama und Papa vielleicht einen vergessen? Jedenfalls ist das immer ein toller Tag. Das ist auch übrigens der einzige Tag, an dem ich ganz schnell gewaschen und angezogen bin. Ich bekomme morgens schon die Geschenke von meinen Eltern, und auf dem Tisch steht meine Geburtstagstorte mit Kerzen. Die Kinder im Kindergarten singen für mich Happy Birthday und gratulieren mir. Sie wissen anscheinend auch, wie schwierig das war, bei der Geburt aus Mamas Bauch zu kommen. Wir sind alle Sieger, sonst würden wir ja hier nicht sitzen. Also fange ich an, auch den anderen zu gratulieren, aber irgendwie kommt das nicht so gut an.

Heute darf ich schon mittags nach Hause, dort gibt es mein Lieblingsgericht. Später kommen Oma und Opa mit Geschenken. Am Nachmittag feiere ich mit den Kindern, die ich eingeladen habe. Wir toben in der Wohnung herum, weil das Wetter nicht so schön ist. Ich verstehe gar nicht, warum Mamas Laune schlechter wird. Wir haben doch nur ein paar Möbel verschoben. Schließlich muss man sich auch verstecken können oder Hürden beim Fangen aufbauen. Meine Geburtstagsfeier hat mir auf jeden Fall sehr viel Spaß gemacht, das ist doch die Hauptsache. Ich finde, wir sollten das öfter tun und werde Mama den Vorschlag machen, dass ich demnächst einmal im Monat Geburtstag feiern möchte.

Die Geschenke waren super. Hoffentlich bleibt das auch so für immer. Das Beste ist aber mein Fahrrad! Ich kann damit viel schneller fahren als mit dem Roller. Blöd ist nur, dass es immer umfällt, wenn ich absteige. Aber dafür habe ich Papa, der hinten festhält. Das tut er auch, wenn ich fahre. So ist es für mich ungefährlicher. Jetzt kann ich sogar meine Freunde besuchen, die weiter entfernt wohnen. Ich bin ja nun mobiler. Ich hoffe nur, dass Papa eine gute Ausdauer hat, denn er muss immer draußen warten, bis wir fertig gespielt haben, und dann wieder neben mir herlaufen, wenn ich mit dem Rad nach Hause fahre. Nach einer Woche und nach ein paar Beulen und Hautabschürfungen kann ich so gut fahren, dass ich Papa nicht mehr brauche. Ich glaube, er ist nicht böse auf meine Selbstständigkeit. Bestimmt finde ich eine andere Beschäftigung für ihn.

Schulkind

Mein nächster Geburtstag, der wieder viel zu lange hat auf sich warten lassen, obwohl ich Mama doch etwas anderes gesagt habe, war irgendwie seltsam. Der ganze Ablauf war zwar zunächst wie immer, aber die Erwachsenen haben offenbar das Gespür für die richtigen Geschenke verloren. Ich habe Dinge bekommen, mit denen ich überhaupt nichts anfangen kann. Mama und Papa haben sich mehr darüber gefreut als ich, dabei wussten sie doch bisher immer, was sie mir schenken sollen. Leiden sie schon an Gedächtnisverlust? Jedenfalls hielt sich meine Freude in Grenzen. Also genauer gesagt, sie war gar nicht da. Wie kann man sich denn über einen Schulranzen, ein Federmäppchen mit Stiften und überhaupt über Schulsachen freuen. Ich jedenfalls nicht! Wie ich schon sagte, so etwas brauche ich nicht, denn bisher habe ich die Stifte zum Malen immer von Mama bekommen. Hat sie keine mehr oder soll ich sie in dem Etui sammeln, weil dann jeder weiß, wo sie sind und keiner mehr suchen muss? Ich habe keine Ahnung. Ich hätte viel lieber ein Handy gehabt, denn im Kindergarten haben sie fast alle eins, außerdem würde das meine sozialen Kontakte deutlich erweitern. Natürlich hat so ein Handy auch enorme Nachteile: Meine Mama könnte mich immer erreichen. Sie könnte mir aus der Ferne noch Aufträge erteilen oder sagen, wann ich nach Hause kommen soll. Sicher würde sie auch immer wissen wollen, wo ich gerade bin. Damit wäre meine Freiheit außerhalb der elterlichen Wohnung dahin.

Das klingt nach einem Überwachungsstaat, aber die Vorteile überwiegen anscheinend deutlich, sonst hätten nicht so viele Kinder ein Handy.

Es ist nicht nur so, dass ich mich nicht über meine Geschenke freuen kann, ich verstehe auch die Bemerkungen dazu nicht: „Na, das wirst du bald brauchen! Freust du dich schon? Nun beginnt bald der Ernst des Lebens!“ Was soll das denn? Haben meine Eltern bisher wirklich gedacht, die letzten sechs Jahre waren nur Spaß? Der Stress ging doch nach der Geburt schon los. Essen, Krabbeln, Laufen, Sprechen, alles musste mühsam erlernt werden. Allein der Kindergarten mit seiner Lautstärke und den sich prügelnden Kindern führte bei mir schon fast zum Burnout. Manchmal frage ich mich ernsthaft, ob es wirklich richtig war, damals als Erster in der Eizelle meiner Mama angekommen zu sein. Naja, ich bin gespannt, wie das werden wird.

Allmählich merke ich, dass etwas Größeres auf mich zukommt, denn der Begriff Schule fällt jetzt häufig bei meinen Eltern und meinen Großeltern. Es fühlt sich an wie ein Countdown. Wenn mir die

Schule nicht gefällt, kann ich sie ja einfach abbrechen und wieder in den Kindergarten gehen. Der Gedanke hellt mein Gemüt auf. Ich betrachte mich ab jetzt einfach mal als „Probekind“. Es ist schon sehr befreiend, eigene Entscheidungen treffen zu können.

Nun scheint es so weit zu sein, meine Kindergartentasche wird nicht mehr gepackt. Ich habe meine Mama noch nie so chic gesehen wie heute. Papa ist auch da, obwohl es noch gar nicht Abend ist. Anstatt meiner kleinen Tasche bekomme ich eine große Tüte in die Hand gedrückt, die fast so groß ist wie ich - peinlich. Übrigens ist da kein Handy drin. Nach kurzer Fahrt gehen wir zu einem ziemlich großen Haus, noch größer als der Kindergarten. Das ist jetzt meine neue Schule. Was ich da sehe, schockt mich total, denn hier sind wirklich sehr viele Kinder mit ihren Eltern und Großeltern, und es ist deutlich lauter als früher im Kindergarten.

Alle haben heute eine Tüte in der Hand, so dass es mir nicht mehr unangenehm ist. Der Gedanke, dass ich ja nur ein Probekind bin, hat das Ganze für mich erträglicher gemacht. Anschauen kostet ja nichts. Wir gehen gemeinsam in einen Raum, der aus vielen kleinen Tischen und Stühlen besteht, an der Wand hängen Bilder mit verschiedenen Gegenständen und Buchstaben und Zahlen.

Leider kann ich nirgendwo Spielzeug oder eine Couch zum Rumtoben entdecken. Wahrscheinlich ist der Raum nur ein Provisorium, und wir gehen dann anschließend woanders hin. Eine alte Frau steht vorne und begrüßt uns. Ich finde sie gleich nett, denn sie weiß, was sich gehört. Wir Kinder dürfen nämlich alle sitzen, aber die Erwachsenen müssen stehen. Das kann auf lange Sicht sehr unbequem für sie werden, jeden Tag da zu stehen, denke ich. Was die Frau sagt, weiß ich nicht mehr, denn ich behalte ständig die Tür im Auge und warte auf Spielsachen. Da nichts passiert, beschließe ich aufzustehen und nachzuschauen, aber das ist anscheinend keine gute Idee. Sofort blicken meine Eltern mich böse an. Die alte Frau ermahnt mich streng, ich solle mich wieder hinsetzen. Ab diesem Zeitpunkt finde ich sie nicht mehr nett. Der erste Schultag ist ziemlich schnell zu Ende, und meine Eltern nehmen mich wieder mit. Die anderen Kinder gehen auch nach Hause. Es hat sich ja eigentlich nicht gelohnt, hierher zu kommen; bestimmt gab es eine Panne mit der Spiele-Lieferung. An der Organisation müssen sie aber noch arbeiten. Ich bin früher als sonst zu Hause, und heute gibt es sogar auch wieder mein Lieblingsessen. Wenn das der Ernst des Lebens ist, könnte ich mich daran gewöhnen und den Probestatus vielleicht doch aufheben.

Am nächsten Tag ist alles anders. Meine Mama packt nicht meine Tüte, sondern meinen neuen Schulranzen. Sie sieht auch nicht so chic aus wie am Tag zuvor. Außerdem ist Papa weg. Vielleicht ist er schon in der Schule? Falsch gedacht! Mama erklärt mir, dass ich ab sofort alleine gehen soll, da sie und Papa schon mit der Schule fertig sind. Das habe ich gar nicht mitbekommen, es scheint ja ziemlich schnell zu gehen. Das tröstet mich nun wieder. Ich gehe mit meinem viel zu großen Ranzen in die Schule und sehe, dass auch die anderen Kinder keine Tüte mehr haben und alleine ohne ihre Eltern gekommen sind. Selbstbewusst setze ich mich auf meinen Platz vom Vortag neben einen anderen Jungen. Unsere Lehrerin, die ich ja nicht mehr leiden kann, ist bereits im Klassenraum. Nach fünf Stunden Stillsitzen (gefühlt sind es fünf Tage) und nur zwei kleinen Pausen zum Toben darf ich wieder nach Hause.

Wir haben gesungen, gespielt und gemalt. Das kann ich auch bei meinen Eltern machen, dafür muss ich nicht in die Schule. Außerdem kann ich das schon. Was mich allerdings irritiert, ist die Tatsache, dass ich mehrere Bücher bekomme, die ganz schön schwer sind. Vielleicht weiß meine Lehrerin nicht, dass ich zu Hause schon viele Bücher habe, aus denen ich immer vorgelesen bekomme. Hefte brauche ich auch nicht, denn die

Linien darin stören enorm beim Malen. Heute gibt es nicht mein Lieblingsessen zu Hause; zum Nachtisch werde ich von Mama mit Fragen gequält.

Nach und nach erhalte ich in den nächsten Tagen immer mehr Informationen über meine Aufgaben in der Schule. Ich lerne Buchstaben, die ich ordentlich auf die Linien schreiben muss, obwohl ich Ordnung nie gelernt habe. Bisher war Mama immer für meine Ordnung zuständig. Bei solchen Arbeitsanweisungen entfällt meine Kreativität total. Ich muss immer schön auf der Linie bleiben und „A“ schreiben und dann laut sagen. Hey, ich kann mehr als nur „A“ sagen. Warum soll ich das lernen, bisher konnte ich mit allen problemlos reden. Ich sehe auch absolut keinen Sinn darin, jetzt schriftlich mit Mama und Papa zu kommunizieren.

In der Klasse ist es so laut wie im Kindergarten. Der Junge neben mir macht ständig Blödsinn und will pausenlos etwas von mir. Das findet die Lehrerin nicht besonders gut. Wie will man sich denn da konzentrieren? Habe ich eventuell eine Konzentrationsschwäche, die es mir unmöglich macht, weiter in die Schule zu gehen? Das sollte man vielleicht einmal von einem Fachmann untersuchen und begutachten lassen. Mein Status als Probekind hat sich dann bestimmt durch das Gutachten schnell erledigt, da bin ich sicher. Diese Euphorie wird aber leider von Mama ganz schnell zerstört, es kommt sogar noch schlimmer. Ich erfahre von ihr, dass jeder mindestens zehn Jahre in die Schule gehen muss; wenn man intelligent ist, dann noch drei Jahre länger. Jetzt verstehe ich, warum es „Ernst des Lebens“ heißt und warum mir das keiner vorher genauer erklärt hat. Ich beschließe, wenigstens nicht intelligent zu sein, damit ich mir drei zusätzliche Schuljahre erspare.

In den nächsten Jahren wird der Ranzen immer schwerer und die Hausaufgaben werden immer umfangreicher. Ich habe einen Achtstundentag - nur mit Schule. Also genauso viel wie Papa, der erwachsen und viel älter ist. Sind acht Stunden Kinderarbeit eigentlich erlaubt? Es ist doch ungerecht und bestimmt nicht legal, dass ein kleiner Junge wie ich genauso lange arbeiten muss wie ein Erwachsener. Abgesehen von Mama natürlich, denn die ist immer zu Hause und arbeitet nicht. So etwas will ich später auch einmal werden. Ich muss aber zugeben, der Unterricht trägt langsam Früchte, denn ich kann jetzt schreiben und lesen. Somit habe ich die Qualifikation erreicht, ein Handy zu besitzen, die Argumentation meiner Eltern ist hinfällig. Nach langen Diskussionen und wiederholten bewussten Verspätungen nach der Schule bekomme ich zum nächsten Geburtstag endlich ein Handy. Jetzt müssen sich meine Eltern auch keine Sorgen mehr machen, wenn es bei mir einmal etwas später wird. Meine Strategie ging auf. Endlose Diskussionen, Gefühlsausbrüche und der Hinweis, dass alle ein Handy besitzen, haben letztendlich zum Erfolg beigetragen. In dem Moment weiß ich noch nicht, dass ich diese Strategie im Laufe der Jahre weiter vervollkommnen muss, um meine Ziele zu erreichen.

Die elterlichen Auflagen im Umgang mit dem Handy sind ziemlich heftig. Ich muss mich melden, wenn ich später nach Hause kommen will, darf es in der Schule nicht benutzen, und es gibt zeitliche Beschränkungen. Das akzeptiere ich natürlich alles, denn in der Schule und nachts wissen meine Eltern ja nicht, ob ich mit dem Handy spiele. Das Wort „online sein“ kenne ich noch nicht, das hat mir bisher keiner erklärt. So ein Handy ist wirklich super! Ich kann damit Musik hören, Filme ansehen und anderen schreiben (dafür habe ich das Schreiben schließlich gelernt). Es gibt ganz viele tolle Spiele, die ich mir runterladen kann, und ich kann sogar gegen Kinder spielen, die ich nicht sehe. Das hat den Vorteil, dass ich von den anderen weder genervt noch geärgert werde. Ich muss auch nicht mehr rausgehen, um andere zu treffen. Wer kann wann? Wo treffen wir uns? Was wollen wir spielen? Wer muss wann nach Hause?

Diese ganze Organisation war früher schon sehr lästig. Die Leute mit Handy sind immer erreichbar, auch ohne Absprache. Es gibt keinen Streit und es ist viel bequemer, sich nicht anziehen zu müssen oder auf das Wetter Rücksicht nehmen zu müssen. Man kann sich einfach auf das Sofa werfen und spielen. Cool!

Diese Freude ist aber leider nur von kurzer Dauer, denn meine Eltern haben nun ein weiteres Druckmittel. Sie nehmen mir das Handy hin und wieder für eine Woche ab, wenn ich mich nicht an ihre Auflagen gehalten habe. So lerne ich schnell den Begriff „offline sein".

Die Lehrerin, die meinen Nebenmann und mich oft ermahnt, wird immer misstrauischer. Sie glaubt einfach nicht, dass wir die Hausaufgaben gemacht haben, denn sie kontrolliert sie ständig. Hinzu kommen noch ihre Zweifel, ob wir auch alles verstanden haben, was sie uns beigebracht hat. Wir schreiben immer wieder Tests, bei denen jeder für sich arbeiten soll und ruhig sein muss. Ich mag diese Form der Überprüfung gern, denn endlich ist es mal leise im Klassenzimmer.

Mein Nebenmann scheint ziemlich intelligent zu sein. Er schreibt sehr viel und auch halbwegs ordentlich, dass ich fast alles lesen kann. Nach ein paar Tagen bekommen wir unsere Tests benotet zurück. Die Lehrerin findet meinen Test „ausreichend“, und für mich ist er das auch. Mich wundert nur, dass mein Nebenmann die Note „gut“ hat. Vielleicht habe ich falsch abgeschrieben? Für Mama und Papa bedeutet allerdings ein „ausreichend“ nicht ausreichend. Wieso eigentlich nicht? Es steht doch da! Als Konsequenz verliere ich wieder mein Handy für eine Woche und muss zusätzlich zu den acht Stunden noch eine Stunde länger lernen, ich muss also quasi täglich eine unbezahlte Überstunde machen. Meine Eltern wollen unbedingt, dass ich später auf das Gymnasium gehe, und mit ausreichenden Noten ist das nun einmal nicht möglich. War das nicht die Schulform, die noch drei Jahre länger dauert? Um Argumente gegen diese ungerechtfertigte Mehrarbeit zu bekommen, werde ich doch mal wieder Google befragen.

Ich muss sagen, das Internet ist Gold wert! Dort finde ich genau die Auskunft, die ich brauche. Es ist nämlich erwiesen, dass längeres Lernen eher die Aufmerksamkeit sinken lässt und eine Überforderung darstellen kann. Hilfreich sind längere Spielpausen, ununterbrochenes Lernen ist dagegen nicht zu empfehlen. Na, das sage ich doch! Ich brauche unbedingt mein Handy wieder! Die Internetseite mit den Erklärungen und Bedeutungen der Noten „sehr gut“ bis „ungenügend“ habe ich aber schnell wieder geschlossen, sie helfen mir keineswegs in der Diskussion. Nun konfrontiere ich meine Eltern ganz stolz und siegessicher mit meinem neuen Wissen und muss feststellen, dass ihre Interpretation eher zu meinem Nachteil ausfällt. Überredungskunst muss ich echt noch üben, dieses Fach gibt es ja leider nicht in der Schule. Ich weiß auch, warum. Durch das viele Üben - vielleicht auch durch die inzwischen noch deutlichere Handschrift meines Nebenmannes - werden meine Noten tatsächlich besser, und ich bekomme mein Handy jetzt wieder zurück! Aber es ärgert mich doch sehr, dass meine Eltern Recht hatten mit dem Üben. Ich sollte einen Erfahrungsbericht ins Internet stellen, dass nicht immer alles stimmt, was dort steht. Einiges ist für Diskussionen mit Eltern schlichtweg ungeeignet. Irgendjemand muss die anderen ja darauf hinweisen.

Zweimal im Jahr bekomme ich sogenannte Zeugnisse, im Prinzip ist das ein Informationsblatt für meine Eltern über den aktuellen Stand meiner Leistungen. Für mich ist es eher ein Scheckheft, denn ich tausche die Noten gegen Geld ein. Meine Eltern meinen zwar, dass ich mehr bekäme, wenn da öfter „gut" stehen würde, ich bin aber mit dem Betrag zufrieden, es gibt ja auch noch Oma und Opa, von denen ich Geld für das Zeugnis bekomme.

Weihnachtsüberraschung

Neben meinem Geburtstag ist Weihnachten eines der Highlights des Jahres. Es verändert sich aber leider, je älter ich werde. Ich habe erfahren, dass es keinen Weihnachtsmann und noch nicht einmal ein Christkind gibt Das hat mich im ersten Moment traumatisiert. Fallen nun die Geschenke aus? Lohnt es sich überhaupt noch, einen Wunschzettel zu schreiben? Meine Mama hat mich also die ganze Zeit belogen. Das ist wirklich ein Schock für mich. Bisher hielt ich sie für die beste Mama der Welt. Das muss ich erstmal verkraften. Von wem bekomme ich eigentlich zu Weihnachten meine Geschenke, ohne dass ich etwas aufgeschrieben habe? Das finde ich auch noch heraus. Kurz vor dem Fest soll ich aber trotzdem meine Wünsche aufschreiben. Was soll das bringen? Es gibt den Lieferanten ja nicht mehr.

Schließlich wird es doch noch ein schönes Weihnachtsfest, von einigen Ausnahmen einmal abgesehen. Ich muss an Heiligabend immer ein Gedicht vortragen und etwas auf der Flöte spielen. Meine Eltern singen dann dazu gemeinsam mit Oma und Opa. Der Gesang ist genauso wie mein Flötenspiel, einfach fürchterlich! Trotzdem sind alle begeistert und finden es toll. Beim Gedicht habe ich mir das kürzeste im Internet ausgesucht, denn Gedicht ist Gedicht, besondere Auflagen von meiner Mama gibt es diesbezüglich nicht. Weihnachten hat inzwischen für mich eine ganz andere ungewohnte Seite. Es ist die einzige Zeit, in der wir zusammen am Tisch sitzen und essen. Sonst ist das anders, jeder isst dann, wenn er Zeit und Hunger hat. Oft mache ich das im Stehen in der Küche, oder ich esse allein in meinem Zimmer.

Oma und Opa sind an Weihnachten immer bei uns zu Besuch. Wir sind alle festlich gekleidet, genau wie bei meiner Einschulung damals. Selbst Papa weiß an diesen Tagen, wo sich bei uns die Küche befindet. Er bereitet jedes Jahr den Gänsebraten vor, und wir müssen ihn dann mindestens hundertmal loben, wie toll er das gemacht hat. Den Tisch decken, abräumen und das Geschirr abwaschen, das muss ich dann mit Mama machen. Papa hatte ja die schwerste und anspruchsvollste Aufgabe, sagt er. Nach dem Essen ist endlich Bescherung. Ich habe immer noch nicht herausgefunden, wer nun die Vertretung des Weihnachtsmannes ist. Seltsamerweise bekomme ich jedoch genau die Geschenke, die ich mir gewünscht habe. Die Erwachsenen bekommen auch Geschenke, wobei sich Opas Freude darüber in Grenzen hält. Wahrscheinlich hat er keinen Wunschzettel ins Fenster gelegt, sonst macht Oma ja auch immer alles für ihn. Das hat er nun davon. Nach der Bescherung sitzen wir zusammen und spielen, das passiert auch nur einmal im Jahr.

Plötzlich sagen meine Eltern in bedeutungsvollem Ton: “ Tim, wir haben dir etwas mitzuteilen.“ Sofort bekomme ich ein schlechtes Gewissen und überlege, welche unangenehmen Dinge meine Eltern noch nicht erfahren haben. Ist ihnen aufgefallen, dass ich beim Spielen immer geschummelt habe? Bedrückt setze ich mich zwischen Mama und Papa und warte.

„Also, mein Junge!“, beginnt Mama. „Ich bekomme noch ein Baby und du somit ein Geschwisterchen.“ Erstmal bin ich ganz stumm, denn ich bin froh darüber, dass es diesmal nicht darum geht, welchen Blödsinn ich wieder gemacht habe. „Aha!“, sage ich und denke automatisch daran, wie anstrengend die Reise bis in die Eizelle meiner Mama gewesen war und wie eng es später wurde. Ich empfinde jetzt schon Mitleid mit meinem Geschwisterchen, obwohl ich noch gar nicht weiß, was das in Zukunft für mich bedeutet.

Oma und Opa, die das schon vorher wussten, freuen sich riesig darüber, also tue ich es auch, ich will ja kein Außenseiter oder Spielverderber sein. Ist denn Papa so arm, dass er sich kein anderes Geschenk für Mama leisten kann? Ein Gutschein wäre doch ausreichend für sie gewesen, allerdings hätte der Geld gekostet. Übrigens, für alle, die es noch nicht wissen: Einen Klapperstorch gibt es auch nicht, das nur als Information für diejenigen, die den Anfang nicht gelesen haben.

Ich muss zugeben, dass die Schwangerschaft meiner Mama für mich sehr interessant ist, denn jetzt kann ich die Entwicklung von außen mitverfolgen. Wobei ich im Moment noch nichts sehe, außer dass Mama viel Zeit auf der Toilette verbringt, jedenfalls mehr als sonst. Je dicker ihr Bauch wird, desto seltsamer wird Papa. Er ist jetzt viel früher zu Hause als gewöhnlich und hilft ihr sogar bei der Hausarbeit. Ich wusste gar nicht, dass er mit dem Staubsauger umgehen kann und dass er nicht nur an Weihnachten weiß, wo sich die Küche befindet.

Immer wieder betrachtet er Mamas dicker werdenden Bauch, kann er vielleicht da schon etwas sehen? Er streichelt ihn sogar. Soll ich Papa sagen, dass man das als Embryo noch gar nicht so merkt? Ich behalte diese Information für mich, ich will ihn nicht enttäuschen. Mittlerweile freue ich mich auf mein kleines Brüderchen! Ich werde ihm genau erzählen können, wie es hier so abläuft. Als großer Bruder habe ich schließlich eine gewisse Verantwortung.

Der Bauchumfang meiner Mama verrät, dass es bald so weit ist. Wir sind alle nervös! Oma und Opa sind jetzt auch oft bei uns und unterstützen

Mama im Haushalt. Ich vermute, Kochen und Staubsaugen findet Papa doch nicht so toll, sonst hätte er diese Aufgaben nicht wieder abgegeben.

Endlich setzen bei Mama die Wehen ein. Jetzt ist mein Bruder bald auf der Welt. Mama und Papa fahren ins Krankenhaus und lassen mich trotz heftiger Proteste zu Hause. Ich wollte doch unbedingt dabei sein, weil ich der eigentliche Experte bin. Außerdem wollte ich winken, wenn mein Bruder das Licht der Welt erblickt. Es bleibt mir aber leider nichts anderes übrig, als zu warten und schon einmal ein paar Spielsachen von mir auszusortieren und in das Schlafzimmer meiner Eltern zu legen. Der Kleine wird dort in den ersten Monaten die meiste Zeit verbringen.

Nele ist da

Welch ein Schock: Ich habe eine Schwester! Da muss doch ein Irrtum vorliegen, bestimmt sind die Babys vertauscht worden! Gibt es ein Rückgaberecht? Kann man sie noch umtauschen? Natürlich werde ich erstmal meine Spielsachen wieder aus dem Schlafzimmer meiner Eltern entfernen und in mein Zimmer zurückbringen. Wie es aussieht, bin ich der Einzige, der sich nicht über unseren Nachwuchs freut. Oma, Opa und Papa jubeln in einem fort: „Na, ist das nicht toll, eine Schwester zu haben? Du freust dich bestimmt genauso wie wir!“

Ich habe aus Rücksicht auf meine Familie die Antwort verweigert. Es steht fest, ein Umtausch kommt für sie nicht in Betracht. Da ich von der Hebamme und dem Krankenhaus sehr enttäuscht bin, weil sie nichts unternommen haben, um den Fehler zu korrigieren, besuche ich Mama und Nele vorerst nicht. Schockzustände zu verarbeiten, das geht einfach nicht so schnell. Ich bekomme wieder Kopfschmerzen. Das ist eine Krankheit, die mir früher öfters schulfreie Tage eingebracht hat. Das Gute an den Kopfschmerzen ist, dass es keine sichtbaren Symptome gibt, die nachgeprüft werden können. Diese Krankheit hat bisher immer für Aufmerksamkeit von Mama gesorgt. Heute kann ich aber nicht darauf hoffen, da Mama noch im Krankenhaus ist. Papa ist sowieso mit meinem besorgniserregenden Zustand überfordert. Er fährt lieber mit Oma und Opa ins Krankenhaus.

Nach drei Tagen ist Mama endlich wieder zu Hause, allerdings mit Nele. Wie kann man sich nur über so ein hässliches, schreiendes und manchmal stinkendes Baby freuen? Nele ist krebsrot, sie hat jetzt schon Falten im Gesicht wie Oma und zieht dennoch die Aufmerksamkeit der ganzen Familie auf sich. Mein gequältes Grinsen wird von allen als Freude interpretiert, so dass ich mit weiteren Fragen nicht belästigt werde. Übrigens hat sich keiner für meine Kopfschmerzen interessiert, selbst Mama nicht. Ich habe deshalb jetzt auch keine mehr.

Die darauffolgenden Wochen sind total nervig. Mein Zimmer liegt neben dem Schlafzimmer meiner Eltern und ich werde jede Nacht wach, weil Nele alle drei bis vier Stunden schreit und versorgt werden will. Ein Bruder wäre bestimmt pflegeleichter. Müde und völlig fertig sitze ich dann beim Frühstück, das nicht Mama, sondern Oma hergerichtet hat. Bisher ist Mama morgens immer aufgestanden, bevor ich in die Schule gegangen bin, vielleicht hat sie ja jetzt Kopfschmerzen. Ich hatte schon seit Wochen keine mehr, denn der Gedanke, den ganzen Tag zu Hause zu sein, wäre für mich eine noch größere Strafe, als in die Schule zu gehen. Weil ich Mama morgens früh noch nicht sehe, gehe ich zur Schule ohne mütterliche Anweisungen wie: „Pass gut auf! Melde dich immer schön und störe vor allem den Unterricht nicht!“

Natürlich erzähle ich meinen Freunden nicht, dass ich ein Schwesterchen bekommen habe, schließlich möchte ich weder ausgelacht noch Mobbingopfer werden. Ich will auch nicht meine Eltern von meinen Mitschülern als Loser beleidigen lassen, weil sie nur ein Mädchen hinbekommen haben.

Wie lange ich dieses streng gehütete Geheimnis aufrechterhalten kann, ist allerdings ungewiss, denn es gibt eine potenzielle undichte Stelle in meiner Klasse. Sie heißt Lilly und wohnt mit ihren Eltern nur wenige Häuser von uns entfernt. Lilly wird den Zuwachs in meiner Familie ganz sicher bald herausfinden und ausplaudern. Sie ist ein Mädchen mit untypischen Verhaltensweisen. In ihrer Freizeit geht sie jeden Tag raus zum Spielen, sie sitzt nicht stundenlang vor dem PC. Da Mama oft mit Nele im Kinderwagen draußen ist, werden sich die beiden früher oder später treffen. Ich habe mir überlegt, Lilly zwei meiner besten Computerspiele zu schenken, um dadurch eine Begegnung so lange wie möglich hinauszuzögern. Kaum ist

Nele da, muss ich harte Opfer bringen. Dabei war dieses Opfer absolut vergeblich, denn Lilly sagt schon nach ein paar Tagen zu mir, dass meine Computerspiele doof sind. Mädchen halt!

Seit meine Schwester auf der Welt ist, werde ich zu Hause ignoriert. Das bedeutet allerdings auch, dass ich nicht mehr nach der Schule ausgefragt werde. Keiner interessiert sich dafür, wie lange ich mich mit meinem Handy oder mit Spielen am Computer in meinem Zimmer beschäftige. Wenn ich dann doch einmal etwas erzählen will, hat Mama keine Zeit. Entweder schreit Nele, stinkt oder hat Hunger. Ich vermute, Nele macht das absichtlich, um mich zu ärgern, oder sie will Mama nicht mit mir teilen. Beheiztes Zimmer, Vollverpflegung, Weckdienst und Taschengeld funktionieren für mich zwar noch, aber sonst dreht sich alles um meine Schwester.

Der nächste Schock lässt nicht lange auf sich warten. Meine Eltern erzählen mir freudestrahlend, dass Nele bald in mein Zimmer kommt und dort schläft. Dass meine Eltern sich darüber freuen, kann ich aus ihrer Sicht natürlich verstehen. Sie sind Nele dann nachts los, haben ihre Ruhe und wieder mehr Platz im Schlafzimmer, ganz im Gegensatz zu mir.

Durch Zufall habe ich erfahren, dass es Ehepaare gibt, die schon lange vergeblich versuchen, ein

Kind zu bekommen. Sie würden sich wahnsinnig freuen, wenn das endlich klappt. Wäre das für mich nicht eine Option? Ich könnte bei ihnen doch einmal nachfragen! Dann wäre ich wieder das einzige Kind, hätte keine Schwester mehr und müsste mein Zimmer nicht teilen. Leider finde ich im Internet keine Liste mit Namen und Adressen solcher Paare. Ich denke, im Netz findet man alles?! Meine Freunde danach zu fragen, ist natürlich unnötig, denn ihre Eltern haben ja schon mindestens ein Kind. Ich sehe schon, ich muss erstmal in meiner Familie bleiben, bis sich vielleicht doch noch eine andere Möglichkeit ergibt.

Weiterführende Schule

Vier Jahre habe ich schon geschafft und bin jetzt an einer weiterführenden Schule mit vielen bekannten Kindern aus der Grundschule, aber auch mit fremden Gesichtern. Die meisten meiner Freunde sind im Gymnasialzweig, ich bin im Realschulzweig der neuen Gesamtschule. Sie haben bestimmt nicht die Information, dass man auf dem Gymnasium drei Jahre länger in die Schule muss. Naja, wenn sie das herausfinden, werden sie sicherlich in meine Klasse wechseln. Zum Glück ist hier der erste Schultag nicht mit Eltern, Zuckertüte und so, das wäre auch peinlich in meinem Alter. Hier ist alles anders: Wir haben sogar männliche Lehrer, jede Stunde kommt eine andere Lehrkraft, es gibt viel mehr Fächer und deutlich größere Klassen. Wobei das eher gut ist, denn so kann ich besser „abtauchen" und mich mit anderen Dingen beschäftigen, ohne groß aufzufallen unter knapp 30 Schülern. Neben mir sitzt mein Freund Kevin, der es auch gerafft hat, dass man mit der Realschule schneller fertig ist als auf dem Gymnasium. Seine Einstellungen passen perfekt zu meinen, deshalb sind wir ja auch gut befreundet.

Am ersten Tag in der Pause auf dem Schulhof denke ich, hier ist eine öffentliche Demo gemeinsam mit anderen Schulen, bis ich erfahre, dass alle Kinder zu dieser Schule gehören, 950 Schülerinnen und Schüler!! Weil es hier auch Gymnasiasten gibt, kann ich meine alten Freunde in den Pausen immer sehen. Natürlich habe ich sie sofort über die deutlich längere Schulzeit informiert, zu meiner Verwunderung wussten sie das aber schon. Sie scheinen also einen Wechsel in meine Klasse auszuschließen, jedenfalls im Moment.

Nach Schulschluss werde ich zu Hause mit den Worten empfangen: „Sei leise, deine Schwester schläft!“ Na toll, warum macht sie das nicht nachts, dann könnte ich auch endlich einmal durchschlafen und hätte meine Ruhe. „Na, wie war der erste Tag? Hast du Schularbeiten auf?“, flüstert Mama. Diese Standardfragen beantworte ich schon seit der Grundschule immer mit der ausführlichen Antwort: „Gut und nein.“ Ich finde, damit ist alles Wesentliche gesagt, es bedarf eigentlich keiner Rückfragen mehr.

Nele wacht zum perfekten Zeitpunkt auf, denn ich bin gerade dabei, meine Jacke anzuziehen, um Kevin zu besuchen. Perfekter Zeitpunkt deswegen, weil Mama sich dann um meine Schwester kümmern muss und nur noch nebenbei mitbekommt, dass ich mich abmelde. Wegen meines Fahrrads brauche ich jetzt auch keinen Fahrdienst mehr. Mein Handy lasse ich meistens zu Hause, was für Jungen in meinem Alter eher ungewöhnlich ist. Das hat aber für mich einen sehr gravierenden Grund: Auf diese Weise kann meine Mama mich nicht ständig anrufen und fragen, wo ich bin oder mir sagen, dass ich endlich nach Hause kommen soll. Ich finde, es ist ein enormer Nachteil, immer für die Eltern erreichbar zu sein. Erst durch Kevin habe ich erfahren, dass man bestimmte Nummern auch sperren bzw. blockieren kann - genial! In dem Punkt ist er versierter als ich, schließlich hat er ja schon vier Jahre lang ein Handy und ist in technischen Dingen ein echter Profi.

Wieder zu Hause sehe ich auf meinem Telefon acht entgangene Anrufe - alle von Mama. Sie schimpft: „Du sollst doch dein Handy mitnehmen, wenn du weggehst. Ich mache mir immer solche Sorgen, wenn du mit dem Fahrrad in der Stadt unterwegs bist.“ Auch hier gibt es von mir eine Standardantwort: „Sorry, vergessen.“ Ich weiß zwar nicht, wie lange ich damit durchkommen werde, aber ich habe ja immerhin noch Kevins Tipp in der Hinterhand.

So vergehen Tage, Wochen und Monate. Ich lerne Dinge in der Schule, die mich absolut nicht interessieren und die ich wahrscheinlich auch nie wieder gebrauchen kann. Damit mein Gehirn nicht total überbelastet wird, halte ich es für sinnlos, tiefer in die Materie einzutauchen. Das Fach Englisch finde ich dagegen cool, denn Englisch braucht man oft am PC, und den habe ich ja im letzten Jahr bekommen. Mit meinen Leistungen in der Schule bin ich zufrieden, ganz im Gegensatz zu meinen Eltern. Sie sagen, ich könnte mehr, wenn ich wollte. Das mag wohl so sein, aber mehr will ich gar nicht. Dafür ist mir meine Freizeit einfach viel zu kostbar. Ich habe noch so viele andere Verpflichtungen. Die WhatsApp Gruppe mit meinen Freunden ist sehr zeitaufwendig. Und, das habe ich noch gar nicht erwähnt, ich bin im Tischtennisverein und trainiere zweimal wöchentlich. Dazu kommen noch die Serienspiele an den Wochenenden. Außerdem besuche ich oft meinen Freund Kevin. Man muss halt Prioritäten setzen in meinem Alter.

Endlich sind die Weihnachtsferien da! Drei Wochen keine Schule, kein Generve von meinen Eltern zum Thema Lernen, und ich kann ausschlafen, falls Nele es zulässt. Weihnachten ist wirklich wieder sehr schön. Ich habe mein lang ersehntes Tablet bekommen und werde gleich Kevin nach tollen Apps fragen.

Die ganzen Ferien über ist Oma bei uns zu Besuch und stellt viele unangenehme Fragen über die Schule. Sie muss mich dauernd drücken und küssen, das machen Omas immer so. Das Schlimmste ist aber, wenn sie ab und zu ihr Taschentuch ableckt, um mir irgendetwas etwas dem Gesicht zu reiben. Das ist einfach nur ekelig! Ich ertrage es trotzdem mit großer Geduld, denn immerhin ist sie eine gute Geldquelle und nimmt mich auch in Schutz, wenn Mama oder Papa wieder stressen.

Silvester steht vor der Tür. Ich habe jetzt ein Alter erreicht, um mit Freunden feiern zu können und nicht mehr nur mit der Familie den Abend verbringen zu müssen. Mama hat es tatsächlich erlaubt, wahrscheinlich weil sie und Papa eingeladen sind und meine Großeltern sich um Nele kümmern. Also darf ich zu Kevin und sogar dort übernachten. Bei ihm ist es mega cool, er darf viel mehr als ich. Seine Eltern sind nicht so spießig wie meine und lassen ihm wesentlich mehr Freiraum.

Silvester

Kevins Eltern haben Gäste eingeladen, sie feiern im Wohnzimmer. Kevin und ich sitzen oben in seinem Zimmer und beschäftigen uns mit Ballerspielen. Allein aus diesem Grund hat sich der Besuch schon gelohnt. Ich weiß überhaupt nicht, warum meine Eltern solche Spiele verbieten, denn sie fördern die Konzentration und die Reaktionsfähigkeit, und man kann seine Aggressionen abbauen. Zur Erholung sehen wir uns zwischendurch Serien über Netflix an oder YouTube Filme. Da man an Silvester natürlich in erster Linie das vergangene Jahr feierlich abschließen will, kommt Kevin mit einigen Flaschen Bier ins Zimmer. Die hat er heimlich aus dem Keller geholt. Seine Eltern werden das sowieso nicht bemerken, ihr Flaschenlager ist dafür einfach zu riesig. Außerdem ist die Geräuschkulisse unten sehr laut, und Kevins Eltern haben inzwischen bestimmt keinen Überblick mehr über ihren Alkoholbestand.

Ich habe noch nie Alkohol getrunken, das erzähle ich Kevin natürlich nicht, ich will doch kein Weichei sein. Die erste Flasche Bier schmeckt fürchterlich! Ich kann gar nicht verstehen, warum Papa jeden Abend mehrere davon trinkt. Wahrscheinlich kommt der Geschmack erst nach ein paar Flaschen, das werde ich noch testen. Nach der dritten Flasche fühle ich mich extrem locker. Außerdem dreht sich alles und das Sprechen fällt mir schwer. Das ist aber nicht hinderlich, weil Kevin und ich bei unseren Spielen kaum miteinander reden müssen. Über Level 1 kommen wir allerdings nicht mehr hinaus. Wir schießen dauernd daneben und werden von den anderen immer „getötet". Plötzlich wird mir ganz übel, ich schaffe es gerade noch zur Toilette und übergebe mich. Danach weiß ich nichts mehr! Gegen Mittag wache ich in Kevins Bett auf. Mir geht es richtig schlecht, ich habe Kopfschmerzen, einen Filmriss und schrecklichen Durst. Der arme Papa, das muss ihm ja dann jeden Morgen so ergehen.

Am Nachmittag holt Mama mich ab und ist bestürzt darüber, wie elend ich aussehe. „Ich habe einfach zu wenig geschlafen", sage ich, „alles cool, bin nur müde." Zu Hause gehe ich gleich in mein Zimmer und lege mich ins Bett. Ich beschließe, die nächste Zeit erstmal auf Alkohol zu verzichten.

Trennung

Das neue Jahr fängt leider überhaupt nicht gut an, denn Mama und Papa haben sich getrennt. „Papa hat eine neue Frau“, schluchzt Mama und geht mit verweinten Augen zurück in ihr Schlafzimmer. Ich bin total geschockt! Ich verstehe das alles nicht, zu viele Fragen schwirren durch meinen Kopf. Bin ich schuld daran? Sehe ich Papa jetzt gar nicht mehr? Mag er mich denn nicht mehr und ist deswegen gegangen? Ich glaube, ich habe ihm zu viel Ärger gemacht, deshalb hat er es nicht mehr ausgehalten mit mir. Nun bin ich offenbar der Mann im Haus und muss die Dinge selber in die Hand nehmen. Ich weiß zwar noch nicht wie, aber mir wird schon etwas einfallen, dass Papa wieder zu uns zurückkommt.

In der Schule will ich mich besser benehmen, doch meine Enttäuschung und meine Wut sind so groß, dass ich sie an anderen Mitschülern auslassen muss. Das führt zu Ärger mit den Lehrern, die keine Ahnung haben, wie ich mich fühle. Es geht sie auch nichts an. Nur meine Mama hat Verständnis für mein Verhalten, sie nimmt mich jetzt öfters in den Arm und sagt immer wieder, dass ich an der neuen Situation schuldlos bin. Ich glaube, das muss sie sagen, damit ich mir selbst nicht so viele Vorwürfe mache.

Meine Wochenenden haben sich total verändert, ab sofort bin ich mal bei Mama und Nele und mal bei Papa. Papas neue Frau Birgit und ihren Sohn Torben, der etwa in meinem Alter ist, mag ich absolut nicht, schließlich sind es völlig Unbekannte für mich. Außerdem habe ich keinen Bock, bei Torben im Zimmer zu schlafen. Ich habe ein eigenes Zimmer zu Hause, und Nele fehlt mir auf einmal sehr.

Torben ist ein echter Kotzbrocken! Er ist gut in der Schule, spielt Klavier und hilft auch noch im Haushalt mit. Er hat auf seinem Computer kein einziges Ballerspiel. Torben hat noch nie Alkohol getrunken und hört hauptsächlich klassische Musik. Also, wie gesagt, ein echter Kotzbrocken! Mit so einem Typen kann man doch nichts unternehmen oder gar befreundet sein. Kevin würde mich auslachen. Mein Papa sieht das ganz anders, bestimmt wollte er schon immer so einen Sohn haben und hat deswegen Mama verlassen. Zuhause erzähle ich meiner Mama, dass Torben mich beleidigt und seine Mutter Birgit mich ständig beschimpft. Das entspricht zwar nicht der Wahrheit, ich betrachte es eher als Notlüge in der Hoffnung, dass meine Eltern sich wieder versöhnen. Irgendwie klappt das aber nicht, was mich nur noch wütender macht. Die Beschwerden meiner Lehrer werden immer häufiger. Keiner versteht mich, außer Kevin natürlich.

Ich werde an den Wochenenden hin- und hergeschoben. Ab und zu bin ich auch noch bei Oma und Opa, wenn kein anderer Zeit hat. Alles ist nicht mehr so, wie es war. Ich hänge jetzt viel bei Kevin ab, wir spielen am PC und trinken Alkohol. Manchmal darf ich am Wochenende bei ihm schlafen, allerdings nur nach endlosen Diskussionen zu Hause, weil es ja eigentlich entweder ein Papa- oder ein Mamawochenende ist. Was für ein Wort! Ich genieße es, bei Kevin zu sein, denn er und seine Eltern verstehen mich wenigstens und haben großes Mitleid mit mir. Am liebsten würde ich immer bei ihnen bleiben. Sie scheinen solche Jungen wie mich zu mögen, denn ihr Sohn ist ja genauso.

Meine Eltern streiten sich nur noch, wenn sie sich sehen. In einem Punkt sind sie sich jedoch ausnahmsweise einig und haben eine Entscheidung getroffen: Ich soll zu einem Therapeuten gehen.

Therapie

Nun sitze ich hier gegen meinen Willen bei einem Mann, der mir mehr Fragen stellt als Mama und Papa zusammen. Ständig schreibt er irgendetwas auf. Das zeigt er bestimmt anschließend meinen Eltern. Ich werde ihm so wenig wie möglich sagen, damit er nichts gegen mich in der Hand hat. Er will wissen, welche Probleme ich habe und warum ich - aus meiner Sicht - hier bin. „Woher soll ich das wissen, meine Eltern haben mich hierhergeschickt“, antworte ich patzig, „und Probleme habe ich überhaupt keine!“ Ich versuche ihm klarzumachen, dass nicht ich, sondern meine Eltern Probleme haben, denn schließlich haben sie sich getrennt. Diese Bemerkung hat der Therapeut aber irgendwie ignoriert. Er will alles aus meinem Leben wissen und vor allem, was in mir vorgeht. „Bei mir ist alles in Ordnung“, antworte ich, „nur die ständig wechselnden Wochenendbesuche gehen mir tierisch auf die Nerven!“

Das war ein Fehler! Freudig stürzt er sich auf dieses Thema, fragt nach Birgit und Torben und will wissen, wie ich mich bei ihnen fühle. Plötzlich habe ich eine Idee: Wenn ich schon einmal hier bin, könnte ich versuchen, ihn als meinen Verbündeten zu gewinnen, der mir hilft, meine Eltern wieder zusammenzubringen.

Also erzähle ich ihm, dass Papas neue Frau und ihr Sohn mich schlecht behandeln und mich auch oft beleidigen. Ich berichte ihm, dass es mir viel besser ging, als meine Eltern noch zusammen waren. Damit habe ich genau ins Schwarze getroffen, denn jetzt läuft er zur Höchstform auf. Er will immer mehr Details, spricht von eventueller Kindeswohlgefährdung und will das Thema in der nächsten Sitzung vertiefen, da jetzt die Zeit abgelaufen sei.

Mir ist das sehr recht, denn genauere Beispiele für das Verhalten von Birgit und Torben muss ich mir erst einmal ausdenken, so spontan bin ich nicht. Dass der Therapeut dieses Thema genauer bearbeiten will, wusste ich nicht, sonst wäre ich besser vorbereitet gewesen. Ich verabschiede mich und fahre mit meiner Mama, die vor der Tür auf mich gewartet hat, nach Hause.

„Na, wie war es bei Dr. Adler?“, will sie wissen.

„Ok“, antworte ich. Das sage ich neuerdings immer, auch wenn ich über die Schule befragt werde. Ich füge hinzu: „Ich soll noch einmal vorbeikommen, er hat da noch offene Fragen.“ Meine Mama lacht und erklärt mir, dass eine Therapie mindestens ein Jahr dauert und ich ab sofort jede Woche zu ihm gehen soll. Entsetzlich! So interessant ist mein Leben nun auch wieder nicht, dass seine Fragen und meine Antworten ein ganzes

Jahr in Anspruch nehmen könnten. Vielleicht braucht er diese Zeit, um zu kapieren, was er für mich in Ordnung bringen soll. Ich muss wohl in der nächsten Sitzung deutlicher werden.

Gut vorbereitet gehe ich eine Woche später wieder zu ihm und beschreibe genauer, wie belastend die Besuche bei Papas neuer Familie für mich sind. Natürlich habe ich aufgepasst, nicht allzu sehr zu übertreiben. Ich erzähle nur von meinen negativen Gefühlen, die man ja nicht nachweisen kann. Er versichert mir, mich gut zu verstehen. Er redet von Selbstwahrnehmung und erklärt mir meine emotionale Zwickmühle.

Super, denke ich. Ich glaube, ich habe ihn auf die richtige Fährte gesetzt, er wird mir immer sympathischer. Am Ende der Stunde schlägt er vor, in der nächsten Sitzung ein gemeinsames Gespräch mit mir, Mama und Papa zu führen. Ich stimme freudig zu. Jetzt hat er seinen Auftrag verstanden! Meine Eltern werden bestimmt wieder zusammenziehen, wenn sie von meiner Kindeswohlgefährdung erfahren. Den nächsten Termin kann ich kaum abwarten. Mama wundert sich zwar über meine Freude, aber ich verrate ihr nicht, worüber wir gesprochen haben. Sie muss lediglich wissen, dass sie und Papa zum nächsten Termin mitkommen sollen.

Endlich ist wieder Dienstag. Meine Eltern sitzen mit mir und Dr. Adler im Therapieraum. Mein Therapeut berichtet über die Gefühle, die ich ihm ausführlich beschrieben habe. Ich hatte also doch Recht, dass er seine Notizen offenlegt - soviel zur Schweigepflicht. In dem Moment ist mir das aber egal. Hauptsache, es hilft, meinen sehnlichsten Wunsch zu erfüllen. Meine Eltern erzählen Dr. Adler von den Problemen, die sie mit mir haben. Sie versichern, dass meine Äußerungen in Bezug auf Papas neue Familie absolut nicht der Wahrheit entsprechen. Meine negativen Gefühle können sie überhaupt nicht nachvollziehen. Beide sind böse auf mich, weil ich in ihren Augen die Unwahrheit gesagt habe. Ich soll das jetzt sofort richtigstellen. Dazu sage ich nichts und warte auf den Einsatz von Dr. Adler. Der ist plötzlich auf der Seite meiner Eltern und sucht nach einer Lösung dafür, wie meine Besuche an den Wochenenden angenehmer gestaltet werden können. In mir wachsen Wut und Enttäuschung! Jetzt weiß ich genau, dass mein Therapeut einfach nur unfähig ist. Ich verlasse den Raum und warte draußen auf meine Eltern. Papa fährt uns nach Hause. Er ist ziemlich wütend und redet auf mich ein. Das prallt aber an mir ab. Nach diesem Reinfall mit Dr. Adler will ich nie wieder zur Therapie gehen. Kevin hat recht, solche Typen bringen es einfach nicht.

Pubertät

Ich kann mich nach langen Diskussionen mit meiner Mama endlich durchsetzen, nicht wieder zu Dr. Adler zu gehen. Meine Oma unterstützt mich dabei. Sie meint auch, es hätte keinen Zweck mich gegen meinen Willen zu einem Therapeuten zu schicken. „Er ist jetzt in der Pubertät; was er nicht will, das will er eben nicht.“ Damit hat mir Oma, ohne es zu wissen, ein super Argument geliefert. Jetzt kann ich das immer wieder meiner Mama gegenüber anbringen, wenn ich einmal keinen Bock auf irgendetwas habe.

Meine Befürchtung war schon, überhaupt nicht in die Pubertät zu kommen. Omas Bemerkung lässt mich hoffen. Täglich untersuche ich meinen Körper auf Scham- und Achselbehaarung, aber da ist noch nichts. Besonders schlimm sind die mitleidigen Blicke der anderen Jungen beim Duschen nach dem Sport. Viele meiner Kumpels sind da schon wesentlich weiter und machen sich lustig über mich. Hoffentlich dauert das mit meiner Körperbehaarung nicht mehr allzu lange! Vorsorglich habe ich mir schon angewöhnt, mich mindestens einmal in der Woche zu rasieren. Es ist zwar nicht nötig, aber ich habe gelesen, dass das Rasieren den Bartwuchs fördert. Bisher ist das leider noch nicht von Erfolg gekrönt.

Was sich aber bei mir in den letzten Wochen sichtbar getan hat, ist mein Längenwachstum. Ich bin um mehrere Zentimeter in die Höhe geschossen. Das ist doch schon mal etwas! Nun bin ich wenigstens nicht mehr der kleine Junge. Fast alle Klamotten passen mir nicht mehr. Ich brauche unbedingt neue. Meine Mama habe ich endlich überzeugen können, dass ich nun alt genug bin, um mir meine Anziehsachen selber auszusuchen. Ich liebe die Pubertät!

Mein Selbstwertgefühl wächst immer mehr, und meine Behaarung zum Glück inzwischen auch. Ich finde mich total cool. Das liegt aber auch daran, dass plötzlich einige Mädchen aus meiner Klasse sich für mich interessieren. Eigentlich sind Mädchen doch gar nicht so blöd, wie ich immer dachte. Meine körperlichen Veränderungen wirken sich in verschiedenen Bereichen auch auf mein Verhalten aus. Zum Beispiel dusche ich jetzt besonders ausgiebig nach dem Sport und laufe dann noch nackt im Umkleideraum herum, bis all meine Kumpels auch wirklich meine Körperbehaarung wahrgenommen haben. Auf Ballerspiele habe ich kaum noch Lust. Der Grund dafür ist Emely.

Emely geht in meine Klasse, sie ist total nett und sieht außerdem noch super aus. Das ist mir bisher gar nicht so direkt aufgefallen. Vorige Woche hat sie mich schon ein paarmal angesprochen und mir vorgestern sogar ihre Telefonnummer gegeben. Diese Gelegenheit habe ich gleich genutzt und sie am Nachmittag angerufen.

Unsere ersten Gespräche waren sehr oberflächlich, wahrscheinlich hat sich keiner von uns beiden getraut, mehr von sich selbst preiszugeben. Inzwischen reden wir ganz offen über alles: Was uns gefällt, welche Musik wir mögen, welche Eigenschaften an anderen wir gut oder nicht so gut finden und vor allem über Schule. Mein Vertrauen zu Emely ist mittlerweile so groß, dass ich mit ihr auch über meine persönlichen Probleme reden kann, nämlich über die Trennung meiner Eltern.

Ich verbringe sehr viel Zeit mit Emely, nicht nur am Telefon. Kevin findet das total bescheuert. Er kann sich nicht vorstellen, dass Mädchen interessanter sein können als Ballerspiele. Vielleicht ist er ja noch nicht in der Pubertät.

Die Besuche bei meinem Vater und seiner neuen Familie werden immer seltener. Er beschwert sich darüber, dass ich kaum noch Kontakt zu ihm habe. Meine Mama meckert täglich über meine Klamotten, meine Musik, meine Faulheit und die angebliche Unordnung in meinem Zimmer.

Pubertät ist bekanntlich die Zeit, in der Eltern komisch werden.

Erste Liebe

Meine Freundschaft mit Emely wird immer intensiver. Ich denke ständig an sie. Am liebsten würde ich sie fragen, ob sie mit mir gehen will, aber ich traue mich nicht. Ich glaube, ich muss das per WhatsApp machen. Diese Idee finde ich super, dann bin ich nicht so nervös, kann ihr einfach schreiben und auf Antwort warten. Wenn sie das auch will, wäre das meine erste richtige Freundin. Bei Instagram und Facebook habe ich zwar viele Freunde und bin stolz darauf, allerdings kenne ich die nicht wirklich. Nach einer Ewigkeit, also etwa zwei Minuten, antwortet Emely mit JA. Mega cool, jetzt komme ich mir langsam wie ein Mann vor.

Wir verabreden uns an der Bushaltestelle. Als ich meine Jacke anziehe und das Haus verlassen will, fragt meine Mama: „Wo willst du denn noch hin?“ Sie schaut auf die Uhr und ruft mir hinterher: „In einer Stunde zum Abendessen bist du wieder da!“ Bei ihrem letzten Satz bin ich schon halb draußen. Falls ich doch nicht ganz pünktlich zurück bin, kann ich später behaupten, dass ich das nicht mehr gehört habe. Es wäre absolut uncool, mich von meiner Mama zeitlich eingrenzen zu lassen - ausgerechnet bei meinem ersten richtigen Date mit Emely. Außerdem reicht eine Stunde sowieso nicht aus. Heute habe ich vor, endlich ihre Hand zu halten, und das geht bestimmt nicht so schnell.

Emely ist wirklich gekommen und strahlt mich schon von weitem an. Ich winke ihr lässig zu und spüre, wie nervös ich bin. Wir sitzen dicht nebeneinander auf der Bank im Bushäuschen und Emely gesteht mir, dass sie schon seit ein paar Tagen auf diese Frage gewartet hat, spätestens aber seit unserem letzten Treffen am Mittwoch. Meine Nervosität verschwindet. Wegen Emelys Offenheit werde ich immer mutiger. Ich nehme ihre Hand und streichele sie. Ausgerechnet jetzt muss mein blödes Handy klingeln. Es ist meine Mama, die mich an das Abendessen erinnert. Ich sage es ja: Es gibt Situationen, da sollte man das Handy einfach nicht mitnehmen! Sonst essen wir doch auch kaum gemeinsam zu Abend. Ausgerechnet jetzt, wo ich etwas Besseres zu tun habe, muss mich meine Mama an unser Abendessen erinnern. Das hat mir gerade noch gefehlt!

Natürlich gibt es später großen Ärger zu Hause. Der prallt aber völlig an mir ab, weil ich nur an Emely denke und meiner Mama nicht richtig zuhöre. Ihre Standpauke kenne ich auswendig, es kommt nie etwas Neues hinzu. Sie sollte es aufschreiben und mir immer dann geben, wenn sie sauer auf mich ist.

Ich habe ganz andere Probleme. Mein Traum ist es, Emely noch viel näherzukommen, als nur ihre Hand zu halten. Ich würde sie sehr gerne küssen! Aber ich weiß wieder einmal nicht, wie ich das am besten anstellen soll. Meine Mama ist zu alt, um mir hierbei gute Ratschläge zu geben, vermute ich mal, Kevin hat sowieso keine Ahnung, und im Internet finde ich nicht das Passende.

Warum habe ich mir überhaupt so viele Gedanken gemacht? Der erste Kuss mit Emely war wunderschön! Er hat sich fast wie von selbst ergeben. Also, wenn ich ehrlich bin, war sie diejenige, die letztendlich die Initiative ergriffen hat. Diese Version erzähle ich Kevin natürlich nicht. Ich beschreibe ausführlich, wie ich es geschafft habe, Emely zu küssen. Schließlich habe ich einen Ruf zu verlieren.

In den Pausen stehen Emely und ich eng umschlungen mitten auf dem Schulhof, damit auch wirklich alle mitbekommen, was für ein toller Hecht ich bin. Bewunderung und Anerkennung sind mir sehr wichtig, weil ich sie zu Hause schon seit längerer Zeit nicht mehr bekomme, vielleicht auch noch nie so richtig bekommen habe.

Betriebspraktikum

Diese Idee kann doch nur von den Lehrern kommen, damit sie drei Wochen länger Ferien haben. Warum soll ich irgendwo arbeiten, wenn ich noch zur Schule gehe. Die Lehrer sprechen von beruflicher Findung und dem Sammeln von Erfahrungen. Das ist schön und gut, aber ich weiß doch überhaupt nicht, was ich später werden will. Ich habe auch keine Lust, jetzt schon darüber nachzudenken. Es steht nun einmal an und alle erwarten von mir, dass ich mir einen Betrieb dafür suche. Die Gespräche mit meiner Mama laufen immer wieder so ab, dass ich ständig daran erinnert werde. Jeden Tag fragt sie nach, ob ich nun endlich eine Praktikumsstelle habe. Meine Großeltern quälen mich genauso mit ihrer Fragerei. Dabei dachte ich, sie sind auf meiner Seite. Ich vertraue darauf, wenn ich mich lange genug weigere, mir selbst einen Betrieb zu suchen, halten sie das nicht länger aus und organisieren für mich einen Praktikumsplatz. Ich brauche mich gar nicht anzustrengen. Tatsächlich! Irgendwann kommt meine Mama freudestrahlend nach Hause und teilt mir mit, dass sie einen Platz für mich gefunden hat - in einer Schreinerei. Vielleicht wird es ja ganz interessant, ein paar Möbel zu bauen, denke ich. Ich könnte auch noch ein Regal in meinem Zimmer gebrauchen. Die nächste Aufgabe kann ich nicht abgeben, denn ich muss mich in dem Betrieb selbst vorstellen und ein Formular von der Schule unterschreiben lassen. Der Meister, Herr Leim, ist ein wahrer Menschenkenner, er spürt sofort, dass ich nicht gerade hochmotiviert bin. Außerdem scheint er gerne zu lachen, er findet die Frage nach meinem Verdienst extrem witzig. Ich soll drei Wochen umsonst arbeiten? Kein Mensch arbeitet drei Wochen lang, ohne Geld zu bekommen. Zu Hause muss ich erst einmal googeln, ob das rechtlich so in Ordnung ist. Dabei stoße ich auf die Seite mit dem Verbot von Kinderarbeit. Das teile ich meiner Mutter und meiner Klassenlehrerin mit. Die Reaktion beider erinnert mich stark an den humorvollen Meister, denn sie lachen genauso über meine Naivität. Diese Grundsatzdiskussion habe ich leider verloren, eine der wenigen übrigens, ohne überzeugende Argumente zu hören. Das Argument mit der illegalen Kinderarbeit war deutlich besser, finde ich. Meine letzte Hoffnung ist mein Vater, aber der sieht das genauso wie meine Mutter und fügt noch hinzu, dass Torben das Praktikum sehr gut gefallen hat. Genau das habe ich noch gebraucht! Ich finde mich schweren Herzens damit ab, dass ich die nächsten drei Wochen arbeiten werde, lediglich um einen Einblick in die

Berufswelt zu erhalten, und völlig ohne Bezahlung.

Mein erster Tag in der Schreinerei beginnt um acht Uhr. Ich gehe in die Halle und habe das Gefühl, mein Kopf platzt. Die Maschinen sind so laut, dass ich kaum meine Musik vom Handy über Kopfhörer hören kann. Der Meister informiert mich darüber, dass bei der Arbeit absolutes Handyverbot herrscht. Er drückt mir einen Besen in die Hand, und ich soll als erstes die Halle fegen. Ich höre weiter Musik, denn ich bin ja nicht an der Arbeit, sondern eigentlich nur Schüler im Praktikum. Somit gelten diese Bestimmungen für mich sicher nicht, denke ich. Herr Leim sieht das irgendwie anders, er schnauzt mich an und droht, mir das Handy abzunehmen. Da ich nicht gleich am ersten Tag Stress haben will, stecke ich es in meine Hosentasche. Ab und zu hole ich es aber unbemerkt heraus, um Nachrichten an meine Kumpels und an Emely zu schicken. Schließlich sind soziale Kontakte wichtig.

Pünktlich um 13:15 Uhr stelle ich den Besen in die Ecke und ziehe meine Jacke an. Herr Leim sieht das, kommt auf mich zu und fragt verwundert, was ich vorhabe. „Ich gehe jetzt nach Hause“, antworte ich ihm, „um diese Zeit ist immer Schulschluss.“ Er wundert sich darüber, dass offenbar keiner mit mir über meine Arbeitszeit gesprochen hat. Sie endet um 16.00 Uhr. Für den Rest des Tages schickt er mich zu einem Kollegen, dem ich beim Abschleifen von Türen helfen soll. Ab sofort finde ich Herrn Leim nicht mehr humorvoll - ganz im Gegenteil. Beim Schleifen zu helfen ist zwar interessanter als zu fegen, aber doch auch gefährlicher. Ich überlege kurz, ob ich mich irgendwie absichtlich verletzen könnte, um dann nach Hause geschickt zu werden und mich für den Rest des Praktikums krankschreiben zu lassen. Diesen Gedanken verwerfe ich aber doch schnell wieder und zwinge mich durchzuhalten. Endlich ist es 16:00 Uhr. Dass ein Arbeitstag so anstrengend sein kann! Ich bin total kaputt und habe noch nicht einmal mehr die Kraft, mich mit Emely zu treffen. Ein Telefonat mit ihr ist gerade eben noch möglich.

In der zweiten Woche darf ich mit zu Kunden fahren, bei denen wir neue Fenster in ein altes Fachwerkhaus einsetzen. Ob der Meister das ohne mich überhaupt geschafft hätte? Naja, vielleicht doch! Die dritte Praktikumswoche vergeht wie im Flug. Das mit dem Regal und den Möbeln, die ich mir für mein Zimmer bauen wollte, ist Wunschdenken geblieben. Dafür war weder Zeit noch Gelegenheit.

Das Praktikum war trotz allem für mich ungeheuer hilfreich. Jetzt weiß ich nämlich genau, dass ich auf jeden Fall weiter zur Schule gehen muss, um in erster Linie meine soziale Isolation zu verhindern. Außerdem möchte ich unbedingt endlich wieder mehr Zeit mit Emely verbringen.

Realschulprüfung

Ein wichtiger Teil der Realschulprüfung ist es, sich ein Thema für die Präsentation zu überlegen und vorher dazu eine Hausarbeit zu schreiben. Dieses Thema wird dann mit dem dafür zuständigen Lehrer besprochen. Mein erster Vorschlag wird leider nicht akzeptiert, ich wollte eine Präsentation über die Entbehrlichkeit eines Schulpraktikums halten. Nun muss ich mir ein anderes Thema aussuchen, obwohl ich es für wichtig empfinde, der Schule auf diesem Gebiet auch einmal eine andere Sichtweise aufzuzeigen. Nach langem Hin und Her wird mein neues Thema „Vorteile der Legalisierung von Cannabis“ akzeptiert. Ich habe früher schon viele Argumente dafür gesammelt, die meine Mutter allerdings nicht hören wollte. Vielleicht kann ich sie mit meiner Hausarbeit überzeugen. Meine persönlichen Erfahrungen kann ich dann auch mit einbringen, überlege ich. Hierüber darf ich allerdings nicht zu viel schreiben, denn meine Mutter wird die Arbeit bestimmt lesen wollen, und meine Lehrer wären auch nicht besonders erfreut.

Zum ersten Mal investiere ich viel Zeit für die Schule, ich brauche nämlich unbedingt gute Noten, um in die Oberstufe zu kommen. Natürlich bedeutet das nicht, dass ich plötzlich ein Streber geworden bin oder die Schule mag, es hat ganz andere Gründe. Meine Mutter lobt mich, wie fleißig ich geworden bin und dass ich endlich die Notwendigkeit einer guten Schulausbildung verstanden habe. Ich werde ihr nicht widersprechen, aber eigentlich will ich den Abschluss gut bestehen, damit ich weiter mit Emely zusammen bin und mit ihr in die Oberstufe gehen kann. Ein anderer wichtiger Grund, weiter zur Schule zu gehen, ist aber auch der, dass ich keine Ahnung habe, was ich einmal werden will. Einen Lebenslauf zu schreiben, Bewerbungen zu formulieren oder sogar Vorstellungsgespräche zu führen, das wäre mir im Moment alles viel zu viel. Vielleicht werde ich ja Lehrer, denn die haben jede Menge Ferien und sind mittags schon zu Hause. Ich glaube, Sport und Kunst wären genau meine Fächer. Da muss man keine Tests korrigieren und kann andere „arbeiten" lassen. Wow, und schon weiß ich, was ich werden will. Die Bezahlung ist auch nicht schlecht. Das motiviert mich ungeheuer (kleingeschrieben!). Dank Internet habe ich bald eine sehr umfangreiche und interessante Hausarbeit fertig. Die armen Schüler, die sich früher alles aus Büchern erlesen mussten, das wäre für mich absolut demotivierend.

Meine Mutter ist mit mir und meiner Arbeitshaltung sehr zufrieden. Sie erlaubt mir jetzt, öfter zu

Emely zu gehen, damit wir gemeinsam für die Prüfungen „lernen" können. Ich kann zwei Fliegen mit einer Klappe schlagen: Ich werde Emely täglich auch außerhalb der Schule sehen, und bestimmt werden wir sogar ab und zu lernen - ab und zu wenigstens.

Das erste Mal

Emely und ich verbringen jedes Wochenende miteinander. Unsere Gefühle werden immer intensiver. Wir küssen uns oft und berühren uns mittlerweile auch an Körperregionen, die vorher tabu waren. Plötzlich steht die Frage aller Fragen von Emely im Raum: „Hattest du eigentlich schon einmal Sex mit einem Mädchen?“ Darauf bin ich zwar nicht völlig unvorbereitet, aber ich bringe trotzdem erstmal kein Wort heraus. „Das wäre schon ok, wenn nicht“, sagt sie, „ich habe es auch noch nie gemacht.“ Endlich habe ich meine Sprache wiedergefunden und denke daran, wie ich bei meinen Freunden angegeben und behauptet habe, schon öfters Sex gehabt zu haben. Ich verschweige Emely, dass ich häufig daran denke und mich dann selbst befriedige. Also, ganz unerfahren bin ich dann ja wohl doch nicht. Das sage ich ihr so, ohne es näher zu beschreiben.

„Wie wäre es mit einem der nächsten Wochenenden?“, schlage ich vor. Emely nickt. Terminlich will ich mich nicht genau festlegen, schließlich muss ich mich darauf vorbereiten. Ich weiß aber überhaupt noch nicht, wie. Meinen Freund Kevin oder andere Kumpels kann ich nicht fragen, da ich ihnen ja von meinen angeblichen Erfahrungen beim Sex bereits ausführlich berichtet habe. Mama und Papa schließe ich natürlich auch aus, und Nele ist in ihrem Alter einfach noch keine Fachfrau. Aufgeklärt bin ich in erster Linie durch den Sexualkundeunterricht in der Schule, über Verhütung weiß ich auch Bescheid.

Meine Eltern haben davon wahrscheinlich keine Ahnung, denn sie haben schließlich zwei Kinder bekommen. Also, in der Theorie bin ich ziemlich fit und mir ist klar, dass ich für mein Vorhaben Kondome kaufen muss. Da ist es schon, das neue Problem, denn die Beschaffung macht mir große Sorgen. Über das Internet kann ich die Kondome nicht bestellen, weil die Post zu uns nach Hause geliefert wird. Ich will Mama gegenüber nicht in Erklärungsnot kommen. Meine Freunde wären sowieso die falschen Ansprechpartner, sie würden sich eher lustig darüber machen, dass ich zu feige bin, Kondome im Laden zu kaufen. Ich würde zum Gespött der ganzen Klasse, oder schlimmer noch, der ganzen Schule. Verschwiegenheit gehört nicht zu den Stärken meiner Kumpels. Ich muss mich wohl selbst darum kümmern.

Während meiner gedanklichen Einkaufsstrategie meldet sich Emely und teilt mir mit, dass sie am kommenden Samstag alleine ist, weil ihre Eltern zu einer Geburtstagsfeier eingeladen sind. Jetzt stehe ich wirklich unter Druck, das ist nicht gut.

Ich habe nämlich gelesen, dass ein Mann unter Druck nicht in der Lage ist, eine Erektion zu bekommen. Das Kondomproblem muss bis zum Wochenende unbedingt gelöst sein. Ich nehme mein Taschengeld und fahre mit dem Fahrrad ins übernächste Dorf, ich will auf keinen Fall erkannt werden. In einem Supermarkt entdecke ich Kondome, allerdings gibt es tausend verschiedene Arten. Woher soll ich bloß wissen, welche ich benötige? Die Verkäuferinnen möchte ich nicht unbedingt fragen. Ich schleiche um das Angebot herum, lese einige Packungsbeschreibungen und habe dabei immer das Personal und andere Kunden im Augenwinkel. Aus Verlegenheit gehe ich mit einer Tüte Chips und Schokolade zur Kasse und verlasse das Geschäft.

Ich muss zugeben, der erste Versuch ist gescheitert, weil ich mich nicht getraut habe, Kondome auf das Kassenband zu legen. Die Möglichkeit, sie an einem Automaten zu ziehen, kann ich auch nicht umsetzen, da weder in unseren Geschäften noch in der Schule so etwas angeboten wird. Warum eigentlich nicht? Das ist eine Marktlücke! Es bleibt mir definitiv nichts anderes übrig, als noch einmal in den Laden zu gehen. „Na, etwas vergessen?“, fragt die Verkäuferin, als sie mich sieht. „Ich weiß noch nicht genau”, antworte ich und denke, dass sie natürlich Recht hat mit ihrer Frage. Ich stehe wieder vor dem Regal mit den Kondomen. Weil ich immer noch zu feige bin, beschließe ich, etwas zu tun, was ich vorher noch nie gemacht habe und was man auch nicht tun darf. Ich stecke heimlich eine Packung Kondome in meine Jackentasche und nehme noch eine Flasche Cola mit, die ich an der Kasse bezahle. So schnell ich kann, fahre ich wieder nach Hause. Ich habe ein total schlechtes Gewissen, aber ich finde, der Zweck heiligt die Mittel.

Der Samstag kommt und ich bin theoretisch und praktisch bestens vorbereitet. Im Internet habe ich mich nämlich noch über die Handhabung eines Kondoms informiert. Am Abend klingele ich an Emelys Haustür. Sie öffnet mir lächelnd und ist tatsächlich alleine. „Komm rein“, sagt sie und führt mich direkt in ihr Zimmer. Wir küssen uns sehr lange und innig, aber diesmal bleibt es nicht nur beim Küssen. Zum Glück haben wir Kondome.

Mehr erzähle ich hier nicht, denn es gibt ja schließlich eine Privatsphäre. Außerdem weiß ich nicht, wer dieses Buch liest, und ich möchte jugendgefährdende Details vermeiden. Ich sage nur so viel: Es hat geklappt! Obwohl wir beide total aufgeregt waren, war das erste Mal wunderbar für uns. Wir kuscheln und reden noch bis in den späten Abend. Als Junge bin ich zu Emely gekommen und fahre als Mann wieder nach Hause. „War es denn schön bei Emely?", will meine Mutter wissen. „Ja. Sehr schön!", antworte ich verschmitzt. Ich glaube, wir meinen in diesem Moment nicht dasselbe.

In den nächsten Monaten haben Emely und ich oft Sex. Übung macht den Meister! Es geht nicht mehr verkrampft und geplant zu wie beim ersten Mal. Wir lernen uns auch in diesem Punkt viel besser kennen, und es wird immer aufregender mit Emely.

Schöne Bescherung

Weihnachten ist in diesem Jahr anders als in den vielen Jahren zuvor, weil mein Vater nicht dabei ist. Oma und Opa sind zwar da, aber mein Vater fehlt mir sehr. Ich hoffe nur, dass ich ihm genauso fehle, gerade jetzt an Weihnachten.

Inzwischen bin ich älter geworden, und deshalb erhofft sich meine Familie natürlich auch Geschenke von mir. Mein Budget ist ziemlich knapp und ich muss mich auf nützliche, nett verpackte Gutscheine beschränken wie zum Beispiel: Spülmaschine ausräumen oder mein Zimmer gründlich putzen und Staub wischen, spielen mit Nele und einkaufen für Oma und Opa. Alles kommt gut an, denn sonst mache ich das nur nach langen Diskussionen oder gar nicht. Die Geschenke, die ich bekomme, entsprechen genau meinen Wünschen. Meine Mutter und meine Großeltern haben sich sogar auch über meine Gutscheine gefreut. Etwas ist aber doch nicht ganz so wie sonst, denn ich habe mehr bekommen, als ich erwartet habe. Das liegt daran, dass ich auch von meinem Vater beschenkt wurde. Früher haben meine Eltern zusammengelegt und etwas gemeinsam gekauft. Also eigentlich hat es meine Mutter gekauft und mir in beider Namen geschenkt. Manchmal wusste mein Vater überhaupt nicht, was in dem Päckchen für mich war.

Nach der Bescherung wird meine Mutter irgendwie unruhig. Man kann förmlich spüren, dass sie etwas auf dem Herzen hat. „Da ist noch eine wichtige Neuigkeit, die ich euch mitteilen möchte!“, sagt sie. „Seit einiger Zeit gibt es einen anderen Mann an meiner Seite. Ich habe ihn für morgen zum Essen eingeladen, damit ihr ihn kennenlernen könnt.“ Diese Neuigkeit, wie meine Mutter sie nennt, haut mich völlig um. Bisher hatte ich noch die Hoffnung, dass sich meine Eltern wieder versöhnen, aber das kann ich wohl jetzt endgültig vergessen. Der neue Mann kann einfach nur blöd sein, das weiß ich jetzt schon.

Schöne Bescherung!

Hugo kommt

Mein Vater kann das doch nicht ewig mit Birgits Sohn Torben aushalten! Vom Verhalten her ist er ja eigentlich einen ganz anderen Jungen gewöhnt. Ich kann die Trennung meiner Eltern immer noch nicht ertragen. Meine Aufgabe wird in Zukunft darin bestehen, es Hugo so schwer wie möglich zu machen. Obwohl ich diesen Mann noch nie gesehen habe, ist er mir jetzt schon unsympathisch. Das liegt auch daran, dass ich für ihn - zumindest heute - meine unbequemen Klamotten anziehen soll, um einen guten Eindruck zu machen. Dabei habe ich beides gar nicht vor.

Meine Mutter ist stundenlang im Bad und brezelt sich für Hugo auf, bestimmt will sie auch einen guten Eindruck machen. Sie springt von Fenster zu Fenster, bis es endlich an der Haustür klingelt. Hugo kommt herein und wir müssen ein Empfangskomitee bilden, um ihn zu begrüßen. Das war eine klare Anweisung meiner Mutter. „Das ist Hugo", sagt sie aufgeregt, „er wird jetzt öfters kommen." Hugo nickt freundlich, streichelt Nele über den Kopf, gibt mir die Hand und begrüßt mich mit: „Guten Tag, mein Junge, ich freue mich, dich kennenzulernen." Wieso Junge? Seit meiner engen Beziehung zu Emely bin ich ein Mann! Ich kläre ihn aber darüber nicht auf.

Außerdem bin ich nicht sein Junge! „Guten Tag, Herr ...“, entgegne ich. „Du kannst mich gerne Hugo nennen“, meint er. Ich informiere ihn, dass mir beigebracht wurde, ältere Männer nicht einfach so zu duzen. Mama und Hugo lachen beide, aber ich nenne ihn ab sofort nur noch „Herrn Hugo“.

„Ich bin dann mal bei Emely. Tschüss, bis heute Abend!“, rufe ich ihnen im Gehen zu. Daraus wird aber leider nichts. Meine Mutter besteht darauf, dass wir zusammen zu Mittag essen. Das Essen schaffe ich gerade noch wortlos, aber dann verschwinde ich wutentbrannt in meinem Zimmer. Mamas Freund ist kaum da, und schon häufen sich die Probleme.

Herr Hugo kommt seit Weihnachten regelmäßig zu uns, manchmal fährt meine Mutter auch zu ihm. Das einzig Gute daran ist, dass sie ihre Aufmerksamkeit nicht mehr ausschließlich auf mich lenkt, sondern neuerdings viel Zeit mit Herrn Hugo verbringt. So habe ich mehr Freiheiten; irgendeinen Nutzen muss das Ganze ja haben. Ich telefoniere zeitnah mit meinem Vater, um ihn über die aktuelle Situation zu informieren. Zu meiner Überraschung ist er überhaupt nicht verwundert, auch dann nicht, als ich ihm erzähle, wie blöd Herr Hugo ist. Mein Vater hört sich alles in Ruhe an, aber das hilft mir auch nicht weiter.

In den nächsten Wochen bin ich frech und aufmüpfig Herrn Hugo gegenüber. Manchmal ignoriere ich ihn völlig. Aber er hat für alles Verständnis und ist immer noch da. Das macht mich noch wütender. Mein Vater unterstützt mich überhaupt nicht. Es gibt nur eine Möglichkeit, um halbwegs zu überleben: Ich gehe dem Störenfried der Familie bei jeder sich bietenden Gelegenheit aus dem Weg. Entweder bin ich bei Emely oder an jedem zweiten Wochenende bei meinem Vater. Da ist mir sogar Torben noch lieber als Herr Hugo.

Oberstufe

Dank Emelys Hilfe, und weil ich mir eine Berufsausbildung im Moment überhaupt noch nicht vorstellen kann, habe ich den Sprung in die Oberstufe geschafft. Dadurch hat sich vieles geändert, was ich bisher als angenehm empfunden habe. Meine Freunde sind nicht mehr da; sie waren entweder nicht für die Oberstufe geeignet oder wollten nicht weiter zur Schule gehen. Der Unterricht dauert meistens bis nachmittags, und einen Klassenverband gibt es auch nicht mehr. Hinzu kommen die vielen Hausaufgaben, die meine Planung für freizeitliche Aktivitäten, also Treffen mit Emely, deutlich einschränken. Täglich befinde ich mich mit Schülern, die ich nicht kenne, in unterschiedlichen Kursen. Ich wäre zwar gerne mit Emely im Unterricht zusammen, aber sie hat leider andere Leistungsfächer. Die Lehrer sollten vorher gezieltere Informationen über die Einschränkungen der persönlichen Beziehungen und der Freizeitaktivitäten weitergeben. Allerdings hat der lange Schultag auch einen Vorteil: Ich muss Herrn Hugo nicht so oft sehen und ebenso wenig meinen Vater mit seiner komischen neuen Familie.

Ich werde mich irgendwie durch die kommenden drei Jahre quälen, schließlich will ich ja Lehrer werden und die anderen arbeiten lassen. Die momentanen Arbeitszeiten in der Oberstufe finde ich entschieden zu lang! Meine Strategie ist es deshalb, einige Fächer zu vernachlässigen. Wer braucht schon Physik oder Chemie? Ich will doch Lehrer für Sport und Kunst werden. Die Leistungen sind dadurch natürlich in den naturwissenschaftlichen Fächern deutlich schlechter geworden, das belastet mich aber nicht.

Das Schulsystem vergibt in der Oberstufe nicht mehr Noten, sondern Punkte. Davon hat meine Mutter keine Ahnung. Ich kann ihr überzeugend erklären, dass drei Punkte super sind. Schließlich gibt es für einen Sieg im Profisport auch nur drei Punkte. Somit bin ich für sie Sieger in den unwichtigen Fächern. Das glaubt meine Mutter allerdings nur so lange, bis Herr Hugo es richtigstellt. Er scheint wirklich hart daran zu arbeiten, mein Gegner zu werden. So wird das nie etwas mit uns! Nachdem meine Mutter nun auf dem neuesten Stand der Punkteverteilung ist, betrachtet sie mein Zeugnis mit anderen Augen und sucht ohne meine Zustimmung einen Nachhilfelehrer für mich.

Nachhilfelehrer

Wenigstens kann ich mir den Wochentag für die Nachhilfe selber aussuchen. Ich nehme den Mittwoch. Emely hat mittwochs immer lange Schule und wir können uns deswegen sowieso nie treffen. Ich weiß zwar nicht, wo meine Mutter gesucht hat, aber sie hat tatsächlich einen Nachhilfelehrer für mich gefunden. Er ist Lehramtsstudent mit den Fächern Physik und Chemie.

Bevor ich genauer darüber berichte, muss ich den Begriff Nachhilfelehrer näher erklären. Es gibt ja bestimmt auch Streber unter den Lesern, die noch nie davon gehört haben. Ein Nachhilfelehrer ist meistens ein Student mit wenig Geld. Weil er keinen harten Job in den Semesterferien mag, sich aber trotzdem etwas dazu verdienen muss, sucht er sich Jugendliche mit Nachhilfebedarf. Außerdem kann er auf diese Weise schon einmal testen, ob er als zukünftiger Lehrer geeignet ist. Mit anderen Worten, er sucht Probanden. Im Idealfall hat er mehr Ahnung von den Fächern als der Jugendliche.

Mein Nachhilfelehrer heißt Fridolin und sieht auch genauso aus. Er ist groß, schlank, hat kurze Haare und einen Scheitel wie mit der Axt gezogen. Er trägt eine Stoffhose und Pullunder und kommt mit einer Aktentasche zu uns nach Hause.

Ob er mir mit diesem Aussehen jemals sympathisch wird? Um nicht gleich mit der Arbeit loslegen zu müssen, frage ich ihn erst einmal über das Lehramtsstudium aus. Ich will alle Details wissen und versuche auf diese Weise, die Zeit über die Runden zu bringen. Das durchschaut er aber ziemlich schnell und beharrt darauf, mit mir Physik und Chemie zu lernen. Als erstes macht er mir klar, dass mein Plan, sogenannte unwichtige Fächer zu vernachlässigen, total falsch ist. Man braucht insgesamt einen guten Notendurchschnitt für ein Studium wegen des Numerus clausus. Ich sehe schon, es bleibt mir nichts anderes übrig, als alle Fächer in den Fokus zu nehmen und mich auf diese Nachhilfe einzulassen. Zu meinem Erstaunen zeigt sich bereits nach ein paar Wochen der erste Erfolg. Meine Punkte steigen und haben den „Tabellenkeller" verlassen. Fridolin ist stolz auf sich, nicht auf mich. Er attestiert sich selbst, jetzt schon ein guter Lehrer zu sein.

Abitur

Ich schaffe das Abitur, obwohl es mir keiner zugetraut hat. Zweifel daran hatte ich selbst aber nie. Die Jahre in der Oberstufe waren anstrengend, und manchmal hat mich die Zeit an mein Praktikum bei Herrn Leim erinnert. Viele angenehme Dinge musste ich aus zeitlichen Gründen vernachlässigen, aber ich hatte ja immer ein Ziel vor Augen. Mein Notendurchschnitt gehört zwar jetzt nicht unbedingt zur Spitzenklasse, ich bin aber zufrieden damit. Viele haben gesagt, dass mich später keiner mehr nach meinen Noten fragt, wichtig ist nur, ob ich das Abitur habe oder nicht. So ganz kann das aber nicht stimmen, wenn man danach studieren will.

Endlich ist meine Familie stolz auf mich, bisher hatten sie ja nicht viel Grund dazu. Meine Mutter geht mit mir in die Stadt, um mir einen Anzug und eine Krawatte zu kaufen. Das will sie unbedingt, trotz großer Gegenwehr von meiner Seite. Ich halte das für reine Geldverschwendung, weil ich so etwas in meinem ganzen Leben nicht wieder anziehe. Vielleicht werde ich den Anzug anschließend bei eBay an einen zukünftigen Abiturienten wieder verkaufen, so kann ich mein spärliches Einkommen ein wenig aufbessern. Bei der offiziellen Abiturfeier passe ich akribisch auf, den

Anzug pfleglich zu behandeln wegen der späteren Gebrauchsspuren und der damit verbundenen Wertminderung.

Zur Zeugnisübergabe sind nicht alle aus meinem Jahrgang anwesend, aus unterschiedlichen Gründen. Anscheinend sind einige doch nicht unbedingt so intelligent wie ich. Nach der offiziellen Zeremonie habe ich unzählige Fototermine. Das ist mir schon peinlich, in diesem Aufzug bzw. Anzug der Nachwelt auch noch dauerhaft erhalten zu bleiben. Nach gefühlten unendlichen Stunden ist das Prozedere endlich vorüber, und ich kann mich zu Hause meiner Verkleidung entledigen. Der deutlich interessantere und schönere Teil folgt nach der Zeugnisübergabe, nämlich unsere private Abifeier!

Wir Abiturienten treffen uns an dem nahegelegenen See. Die Örtlichkeit muss unbedingt in der Nähe sein, damit wir die vielen Getränke nicht so weit tragen müssen. Und es sind viele Getränke! Die Abifeier ist absolut super. Neben den alten Klassenkameraden sind auch viele ehemalige Abiturienten gekommen. Wir hören laute Musik, tanzen, grillen und stoßen auf jedes Schuljahr mehrfach an, mit der Grundschule beginnend bis zum Abitur, denn wir sind heilfroh, endlich die Schulzeit abgeschlossen zu haben. Ein bisschen Wehmut und Abschiedsschmerz sind allerdings auch dabei.

Über den weiteren Verlauf der Feier kann ich leider nichts berichten, da mir die Erinnerung an den restlichen Abend fehlt. Aussagen von weitgehend nüchternen Zeugen möchte ich an dieser Stelle nicht anfügen, das wäre mir zu peinlich.

Die Leserinnen und Leser sollen ja am Ende meiner Geschichte keinen schlechten Eindruck von mir bekommen.